Jörn von Lucke

Ursachen für den verzögerten Erfolg des Internet und
Online-Dienste in Deutschland

Bibliografische Information der Deutschen Nationalbibliothek:

Bibliografische Information der Deutschen Nationalbibliothek: Die Deutsche Bibliothek verzeichnet diese Publikation in der Deutschen Nationalbibliografie; detaillierte bibliografische Daten sind im Internet über http://dnb.d-nb.de/ abrufbar.

Copyright © 1996 Diplomica Verlag GmbH
Druck und Bindung: Books on Demand GmbH, Norderstedt Germany
ISBN: 9783838640143

http://www.diplom.de/e-book/219649/ursachen-fuer-den-verzoegerten-erfolg-des-internet-und-anderer-multimedialer

Jörn von Lucke

Ursachen für den verzögerten Erfolg des Internet und anderer multimedialer Online-Dienste in Deutschland

Diplom.de

Jörn von Lucke

Ursachen für den verzögerten Erfolg des Internet und anderer multimedialer Online-Dienste in Deutschland

Diplomarbeit
an der Universität Mannheim
Lehrstuhl für Wirtschaftsinformatik II, Prof. Dr. Joachim Niederreichholz
Mai 1996 Abgabe

Diplom.de

Diplomica GmbH
Hermannstal 119 k
22119 Hamburg

Fon: 040 / 655 99 20
Fax: 040 / 655 99 222

agentur@diplom.de
www.diplom.de

ID 4014
von Lucke, Jörn: Ursachen für den verzögerten Erfolg des Internet und anderer
multimedialer Online-Dienste in Deutschland
Hamburg: Diplomica GmbH, 2001
Zugl.: Mannheim, Universität, Diplomarbeit, 1996

Diplomica GmbH
http://www.diplom.de, Hamburg 2001
Printed in Germany

E/037/96

Inhaltsverzeichnis

V

Abkürzungsverzeichnis

AA:	Auswärtiges Amt
ACM:	Association for Computing Machinery Incorporated
ADV:	Automatische Datenverarbeitung
AG:	Aktiengesellschaft
ANS:	Advanced Network and Services Incorporated
ANSnet:	ANS Network
AOL:	America Online Incorporated
ARPA:	Advanced Research Project Agency
ARPANet:	Advanced Research Project Agency Network
ATM:	Asynchronous Transfer Mode
AT&T:	American Telephone & Telegraph
Aug:	August
AV:	Audio-Visuell
AVL:	Available (deutsch: verfügbar)
BelWue:	Baden-Württembergs Extended LAN
BITNET:	Because It's Time NETwork
Bit/s:	Bit pro Sekunde
BIX:	Byte Information Exchange
BK:	Bundeskanzleramt
BMA:	Bundesministerium für Arbeit und Sozialordnung
BMBF:	Bundesministerium für Bildung, Wissenschaft, Forschung und Technologie
BMFSFJ:	Bundesministerium für Familie, Senioren, Frauen und Jugend
BMFT:	Bundesministerium für Forschung und Technologie
BMG:	Bundesministerium für Gesundheit
BMI:	Bundesministerium des Innern
BMJ:	Bundesministerium der Justiz
BML:	Bundesministerium für Ernährung, Landwirtschaft und Forsten
BMPT:	Bundesministerium für Post und Telekommunikation
BMU:	Bundesministerium für Umwelt, Naturschutz und Reaktorsicherheit
BMV:	Bundesministerium für Verkehr
BMVg:	Bundesministerium für Verteidigung
BMWI:	Bundesministerium für Wirtschaft
BMZ:	Bundesministerium für wirtschaftliche Zusammenarbeit und Entwicklung

BR:	Bayerischer Rundfunk
BRD:	Bundesrepublik Deutschland
BSD:	Berkeley Software Distribution
Btx:	Bildschirmtext
B-WiN:	Breitbandwissenschaftsnetz
CAP:	Competitive Access Provider
CD-ROM:	Compact Disc - Read Only Memory
CEPT:	Conférence Européen des Administrations des Postes et des Télécommunications
CERN:	Centre Européen pour la Recherche Nucléaire
CIM:	CompuServe Information Manager
Contrib.Net:	Contributed Networks
CPSR:	Computerprofessionals for Social Responsibility
CSNET:	Computer Science Network
d:	Tag
Datex-J:	Datex-Jedermann
Datex-P:	Paketvermittelter Dienst der Deutschen Telekom
DBKom:	Deutsche Bahn Kommunikation
DBP:	Deutsche Bundespost
D.C.:	District of Columbia
DEC:	Digital Equipment Corporation
DE-CIX:	Deutsche Commercial Internet Exchange
Dez:	Dezember
DFN:	Deutsches Forschungsnetz
DIGI:	Deutsche Interessengemeinschaft Internet
DIHT:	Deutscher Industrie- und Handelstag
DIN:	Deutsche Industrie Norm
DM:	Deutsche Mark
DV:	Datenverarbeitung
EARN:	European Academic and Research Network
EBONE:	European Backbone
ECRC:	European Computer-Industry Research Center
ECU:	European Currency Unit
EDI:	Electronic Data Interchange
EDV:	Elektronische Datenverarbeitung
EG:	Europäische Gemeinschaft
E-Mail:	Electronic Mail
ESnet:	Energy Science Network

ESPRIT:	European Strategic Programme for Research and Development in Information Technology
EU:	Europäische Union
EUnet:	European Unix Network
EuropaNET:	Europa Network
e.G.:	eingetragene Genossenschaft
FAZ:	Frankfurter Allgemeine Zeitung
FBO:	Fachverlag für Büro- und Organisationstechnik
FCC:	Federal Communications Commission
F&E:	Forschung und Entwicklung
FidoNet:	Fido-Network
FR:	Frankfurter Rundschau
FTP:	File Transfer Protocol
FU:	Freie Universität
FY:	Financial Year
GB:	Gigabyte ($8*2^{30}$ Bits = 8.589.934.592 Bits)
GBit:	Gigabit (2^{30} Bits = 1.073.741.824 Bits)
GBit/s:	Gigabit pro Sekunde
GEnie:	General Electric Network for Information Exchange
GeoNet:	GeoNet Mailbox Systems
G7:	Gruppe der sieben führenden Industrieländer (USA, Japan, Deutschland, Frankreich, Großbritannien, Kanada, Italien)
GIF:	Graphics Interchange Format
GII:	Global Information Infrastructure
GmbH:	Gesellschaft mit beschränkter Haftung
GWB:	Gesetz gegen Wettbewerbsbeschränkungen
h:	Stunde
HP:	Hewlett-Packard
HPCC:	High Performance Computer and Communications
H&R Block:	Henry & Richard Bloch (Block) Incorporated
Hrsg.:	Herausgeber
HTTP:	Hypertext Transfer Protocol
IAB:	Internet Architecture Board
IBM:	International Business Machines
IETF:	Internet Engineering Task Force
IITF:	Information Infrastructure Task Force
IMPACT:	Information Market Policy Actions
Inc.:	Incorporated

INXS:	Internet Exchange Service
IP:	Internet Protocol
IRC:	Internet Relay Chat
IRTF:	Internet Research Task Force
ISDN:	Integrated Services Digital Network
ISOC:	Internet Society
IT:	Informationstechnik
IVBB:	Informationsverbund Berlin-Bonn
IXC:	Interexchange Provider
IXI:	International X.25 Interconnect
K.:	Kapitel
k.A.:	keine Angabe
KB:	Kilobyte ($8*2^{10}$ Bits = 8.192 Bits)
KBit:	Kilobit (2^{10} Bits = 1.024 Bits)
KBit/s:	Kilobit pro Sekunde
KIT:	Kernsoftware für Intelligente Terminals
LAN:	Local Area Network
LEC:	Local Exchange Carrier
Ltd.:	Limited
m:	Minute
MAUS-Netz:	Münster Apple User Service-Netzwerk
MAZ:	Mikroelektronik Anwendungszentrum
MB:	Megabyte ($8*2^{20}$ Bits = 8.388.608 Bits)
MBit:	Megabit (2^{20} Bits = 1.048.576 Bits)
MBit/s:	Megabit pro Sekunde
MCI:	Microwave Communications Incorporated
MCInet:	MCI Network
MILNet:	Military Network
MGM:	Media Gruppe München
MS:	Microsoft
MSN:	Microsoft Network
NASA:	National Astronautic and Space Agency
NIC:	Network Information Center
NII:	National Information Infrastructure
NIST:	National Institute of Standards and Technology
NPTN:	National Public Telecomputing Network
NRW:	Nordrhein-Westfalen
NSF:	National Science Foundation

NSFnet:	National Science Foundation Network
NSInet:	NASA Science Internet
NTG:	Netzwerk und Telematik GmbH
NYCENET:	New York City Education Network
NZZ:	Neue Zürcher Zeitung
PC:	Personal Computer
PIN:	persönliche Identifikationsnummer
PoP:	Point of Presence
PPP:	Point-to-Point-Protocol
PSI:	Performance System International
PTT:	Post, Telephon und Telegraph
PW:	Password
RACE:	Research and Development in Advanced Communications Technologies in Europe
RARE:	Réseaux Associés pour la Recherche Européenne
RTL:	Radio Télé Luxembourg
RWE:	Rheinisch-Westfälische Elektrizitätswerke
s:	Sekunde
Sun:	Sun Microsystems Incorporated
sw:	schwarz-weiß
SWF:	Südwestfunk
TAN:	Transaktionsnummer
TCI:	Tele-Communications Incorporated
TCP:	Transmission Control Protocol
TERENA:	Trans European Research Education Networking Assembly
TKG:	Telekommunikationsgesetz
T-Online:	Telekom Online
TPR:	Telecommunications Policy Roundtable
TU:	Technische Universität
TV:	Television
URL:	Universal Resource Locator
US:	United States
USA:	United States of America
UUCP-Net:	Unix-to-Unix-Copy-Program-Network
UUNet:	Unix to Unix Network Technologies Incorporated
V.:	Version
VDMA:	Verband Deutscher Maschinen- und Anlagenbau
VEBA:	Vereinigte Elektrizitäts- und Bergwerk-Aktiengesellschaft

Veag:	Vereinigte Energiewerke Aktiengesellschaft
VEW:	Vereinigte Elektrizitätswerke Westfalen AG
VIAG:	Viag Aktiengesellschaft
VISA:	Visa International Service Association
VRML:	Virtual Reality Modeling Language
WAIS:	Wide Area Information Service
WAN:	Wide Area Network
WDR:	Westdeutscher Rundfunk
WiN:	Wissenschaftsnetz
WWW:	World Wide Web
Xlink:	Extended Lokales Informationsnetz Karlsruhe
Z-Netz:	Zerberus-Netz
ZögU:	Zeitschrift für öffentliche und gemeinwirtschaftliche Unternehmen
ZVEI:	Zentralverband der Elektrotechnik- und Elektronikindustrie e.V.

XII

Abbildungsverzeichnis

Tabellenverzeichnis

1

1 Einführung

Mitte der Neunziger Jahre gewinnen interaktive Multimedia-Technologien weltweit an Bedeutung. Kennzeichen dieser Entwicklung sind der schnelle Anstieg der Zahl der Nutzer des Internet oder anderer Online-Dienste, Zusammenschlüsse großer Medienunternehmen sowie diverse nationale Informationsinfrastruktur-Initiativen.[1] Die Bundesrepublik Deutschland liegt im weltweiten Vergleich bei der Verbreitung des Internet und anderer multimedialer Online-Dienste nicht an der Spitze. In Deutschland sind weder eine entsprechende Infrastruktur noch ein Massenzugang von Benutzern zu erkennen, wie er bspw. in den USA zu beobachten ist. Aber es hat ein Umdenken eingesetzt. Mittlerweile wird auch hier die Bedeutung interaktiver Multimedia-Technologien von Wirtschaft und Gesellschaft wahrgenommen. Seit 1995 werden in der Bundesrepublik verstärkt Anstrengungen von Unternehmen und Politik unternommen, den bestehenden Rückstand aufzuholen.

Im Rahmen dieser Diplomarbeit werden die Ursachen des verzögerten Erfolgs des Internet und anderer multimedialer Online-Dienste in Deutschland untersucht. Gegenwärtig befinden sich in Deutschland breitbandige Online-Dienste, die über End-zu-End-Übertragungskapazitäten von 2 MBit/s und mehr verfügen und sich daher besonders für Multimedia-Übertragungen eignen, noch in der technischen Erprobungsphase. Aus diesem Grunde werden in der Arbeit neben dem Internet überwiegend die schmalbandigen Online-Dienste untersucht, die zunehmend multimediale Elemente in ihr Angebot integrieren. Ein Rückblick auf die Einführung des Bildschirmtextes in den Achtziger Jahren soll die Arbeit ergänzen.

Nach einer Definition der Begriffe "Infobahn" und "Multimedia" werden in Kapitel 3 die in Deutschland weit verbreitesten Online-Dienste vorgestellt: Internet, CompuServe und T-Online (Nachfolger von Bildschirmtext). Im Anschluß folgt eine kurze Präsentation der 1995 neu angebotenen Online-Dienste. Darauf aufbauend werden die Gründe der verzögerten Entwicklung aus technischer, politischer und wirtschaftlicher Sicht betrachtet. Dabei steht in Kapitel 4 der Aufbau einer Netzinfrastruktur im Vordergrund. Anschließend werden die Auswirkungen politischer Entscheidungen aus den Bereichen Telekommunikation, Forschung und Wirtschaft auf Bundes- und Landesebene untersucht. Die Betrachtung des Einsatzes multimedialer Online-Dienste unter wirtschaftlichen Aspekten wird in Kapitel 5 für die öffentliche Verwaltung, kommerzielle Dienstanbieter und Dienstnutzer sowie nicht-gewinnorientierte Unternehmen und private

---

[1] Die Begriffe "Multimedia", "Online-Dienste" und "Internet" werden in den beiden folgenden Kapiteln explizit erklärt.

Nutzer durchgeführt (Abbildung 1). Abschließend folgt eine Zusammenfassung mit einem Ausblick.

Online-Dienste

- Aufbau und Betrieb eines Online-Dienstes mit Netzinfrastruktur
- Einfluß der Telekommunikation auf Online-Dienste
- Förderungsmaßnahmen für Online-Dienste durch den Staat

Angebot und Nutzung von Online-Diensten

- Einsatz in der öffentlichen Verwaltung
- Kommerzielle Dienstanbieter
- Kommerzielle Dienstnutzer
- Einsatz bei nichtkommerziellen Vereinigungen
- Private Nutzung

Abbildung 1: Zu untersuchende Bereiche mit Ursachen
für einen verzögerten Erfolg von Online-Diensten in Deutschland

2 Definition der Begriffe Infobahn und Multimedia

Der amerikanische Vizepräsident Al Gore prägte in seinen Reden den Begriff des **In-formation-Superhighways**.[2] Eine deutsche Übersetzung kommt dem Begriff "**Daten-autobahn**" nahe. Deutsche Politiker und Vertreter der Telekommunikationsindustrie verstehen darunter Glasfaserstrecken und Hochgeschwindigkeitsverbindungen, die mit neuester Technologie ausgestattet sind und über Übertragungsgeschwindigkeiten von 34 MBit/s und mehr verfügen. Für den privaten Gebrauch sind gegenwärtig solche Leitungen finanziell unerschwinglich.[3] Ein anderes Verständnis von "Datenautobahn" prägen die Initiativen deutscher Internet-Service-Provider: Regionale oder nationale Datenautobahnen, die an das Internet angeschlossen sind, sollen jedermann einen bezahlbaren und zügigen Zugriff auf Informationen aller Art erlauben.[4]

Eine treffendere Übersetzung für "Information Superhighway" ist hier sicherlich der Begriff **Infobahn**. Er bezeichnet Kommunikationssysteme zur Fernübertragung von

---

[2] Vgl. Canter/Siegel (1995), S. 10.
[3] Vgl. Rost/Schack (1995), S. 56 und Wiggins (1995a), S. 609.
[4] Vgl. Heinen (1995), S. 19.

Sprache, Daten, Bild und Ton, in denen Informationen in digitalisierter Form besonders schnell (deutlich über 64 KBit/s) transportiert werden können. Digitalisierung, Glasfaserkabel und moderne Übertragungstechniken überwinden die Grenzen der Analogtechnik des klassischen Telefonnetzes und sorgen für schnellere Datenübertragungsmöglichkeiten.[5] Langfristig ist eine Umwandlung und Ausweitung der heute bestehenden Computer- und Kommunikationsinfrastruktur[6] zu einem offenen Breitband-Kommunikationsnetz (Infobahn) zu erkennen, das über ein möglichst hohes Maß an Interoperationalität verfügen wird.[7]

Zur Zeit existiert weltweit noch kein Datennetz, das flächendeckend verlegt ist und die Voraussetzungen für eine Infobahn (hohe Datenübertragungsraten und Schnelligkeit) erfüllt. Einige Infobahn-Feldversuche mit breitbandigen Diensten wie "Video on Demand"[8] oder interaktivem Fernsehen[9] gerieten 1995 ins Stocken. Mit dem Internet und anderen Online-Diensten (schmalbandige Netze und Dienste) steht jedoch seit einigen Jahren bereits eine vorhandene und offene, aber noch langsame Informationsinfrastruktur zur Verfügung.[10] Diese schmalbandigen Dienste werden zunehmend um multimediale Features erweitert.

Multimedia bedeutet wörtlich die Kombination von verschiedenen Medien. Bisher getrennte, unterschiedliche Technologien und Anwendungen (Medien) werden neben- oder übereinander auf einem Bildschirm gleichzeitig präsentiert, wobei eine interaktive Nutzung möglich ist. Computer sind für Medienintegration und Interaktion unverzichtbar. Medien werden in *diskrete Medien* (Darstellungsformen: Meßdaten, Text, Grafik, Bild) und in *digital kontinuierliche Medien* (Präsentationsformen: Video- und Audiosequenzen) unterteilt.[11]

Multimedia-Angebote können lokal (offline, z.B. auf CD-ROM) oder über Telekommunikationsnetze (online) bereitgestellt werden. Breitbandige Online-Dienste eignen sich wegen der hohen Übertragungskapazitäten besonders für Multimedia-Anwendungen. Auch schmalbandige Online-Dienste mit geringen Bandbreiten verfügen zunehmend über multimediale Elemente, da sich dadurch ihre Attraktivität erhöht.

---

[5] Vgl. Witte (1995a), S. 7.
[6] Hier sind das Internet sowie die Telefonnetze, Kabelnetze, Glasfasernetze, Datennetze, Funknetze und Satellitennetze eingeschlossen.
[7] Vgl. National Research Council's Computer Science and Telecommunications Board (1994), S. 1.
[8] Ein Film wird auf Abruf aus einer digitalen Videothek ausgewählt und gestartet.
[9] Das klassische Fernsehen wird um einen Rückkanal zum Sender erweitert, durch den der Zuschauer Einfluß auf die Programmzusammenstellung ausüben kann.
[10] Vgl. Steinbach (1995), S. 37.
[11] Vgl. Riehm/Wingert (1995), S. 9.

3 Online-Dienste in Deutschland

3.1 Grundlagen von Online-Diensten

Online bezeichnet den Zustand, in dem eine direkte Duplex-Verbindung zu einem Host-Rechner besteht, die zur Datenübertragung benutzt wird und auf der Daten interaktiv ausgetauscht werden können.

Die Funktionalität von *allgemeinen Online-Diensten* (Mehrwertdiensten) geht über die reine Datenübertragung hinaus. Die einzige Gemeinsamkeit von Mehrwertdiensten ist, daß Angebot und Nutzung über Telekommunikationsnetze erfolgen. Mehrwertdienste sind höhere, anwendungsorientierte Übertragungsprotokolle, die gegenüber simplen Telekommunikationsdiensten (Fest-, Telefon und ISDN-Verbindung) zusätzliche Leistungen bereitstellen.[12]

Online-Dienste im Sinne elektronischer Informationsdienste stellen eine Untergruppe der Mehrwertdienste dar. Sie umfassen Mailboxen, Datenbanken, Transaktionsdienste und interaktive Videotexdienste. Alle diese Dienste sind für den Dialogbetrieb ausgelegt. In den USA wird der Begriff **"Online-Service"** oft auf textorientierte interaktive Mehrwertdienste (bildschirmtextähnliche Systeme) eingeschränkt. In Folge der Internationalisierung der **Online-Dienste** ist diese eingeschränkte Begriffsauslegung auch in Deutschland gebräuchlich geworden und wird somit auch in dieser Arbeit verwendet.[13]

Gegenwärtig werden viele dieser Dienste zu **multimedialen Online-Diensten** ausgebaut. Dies sind computergestützte Dienste, die den Zugriff auf Computerdatenbanken in aller Welt und die elektronische Kommunikation mit anderen Teilnehmern ermöglichen. Sie unterscheiden sich von textorientierten, interaktiven Mehrwertdiensten durch die zusätzliche Möglichkeit der Einbindung und Darstellung von Grafiken, Tabellen, Fotografien, Videofilmen oder Tonsequenzen. Der Benutzer kann selbständig Informationen aus dem multimedial aufbereiteten Angebot auswählen. Im Internet wird bspw. Multimedia-Nutzung durch das World-Wide-Web ermöglicht, einem mit grafischer Oberfläche ausgestatteten Informationssystem. Die Netze von Online-Diensten werden auf Grund ihrer landes- oder weltweiten Verfügbarkeit zu den Wide Area Networks (WAN) gezählt.

---

[12] Vgl. Cenarius (1995), S. 18 ff.
[13] Vgl. Hansen (1995), S. 7.

Kommerzielle Online-Dienste arbeiten gewinnorientiert. Für ihre Nutzung ist ein Entgelt zu entrichten. Die Einnahmen des Betreibers können um Entgelte aus einer Beteiligung am Umsatz geworbener Kunden und aus der Vermietung von Werbefläche ergänzt werden. Alle kommerziellen Dienste sind mittlerweile an das Internet angeschlossen. Kommerzielle Online-Dienste sind durch ein zentral koordiniertes Angebot von Einzelanbietern und Subdiensten, klar strukturierte und leicht auffindbare Informationen, eine hohe Sicherheit und Zuverlässigkeit sowie langjährig erprobte Abrechnungsfunktionen gekennzeichnet. Die angefallenen Gebühren können unproblematisch über das Benutzerkonto abgerechnet werden.[14] Nachteilig für Anbieter eines Dienstes in diesen geschlossenen Systemen ist, daß nur Kunden des jeweiligen Systems erreichbar sind. Auch ist ein Dienstanbieter im Bezug auf die Technik an den Betreiber gebunden. Dieser ist für die konzeptionelle Weiterentwicklung und Anpassung des Online-Dienstes zuständig.[15] Dem Internet werden als nicht-kommerziellem Online-Dienst allerdings deutlich bessere Marktchancen eingeräumt als Datendiensten, die vom Empfänger abonniert werden müssen.[16] Im Vergleich zu kommerziellen Online-Diensten kann der Nutzer im Internet auf ein weitaus breiteres Informationsspektrum zurückgreifen, wobei für ihn der Zugriff in der Regel noch kostengünstiger ist.

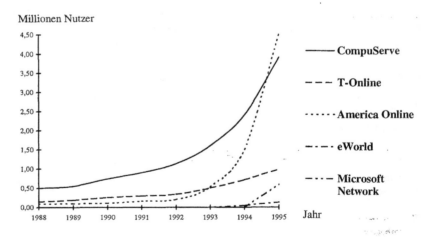

Abbildung 2: Wachstum der kommerziellen Online-Dienste
Quelle: Eigene Berechnungen aufgrund Angaben der Systembetreiber

---

[14] Vgl. Hansen (1995), S. 13 f.
[15] Vgl. Lux (1995), S. 264.
[16] Vgl. Kemper (1995), S. 23.

Bereits 1994 erreichte der Umsatz der fünf größten amerikanischen Online-Dienst-Anbieter rund 800 Millionen US-Dollar.[17] 1995 konnten sie erneut die Zahl ihrer Nutzer deutlich steigern. Gleichzeitig stieg mit dem Software-Anbieter Microsoft und seinem Microsoft Network ein weiterer mächtiger Anbieter in den Online-Markt ein. Das weltweite, rasante Wachstum von Online-Diensten (Abbildung 2) wird durch die weite Verbreitung von Personal Computern (PC), den Preisverfall der Telekommunikationsgeräte (Modems) sowie durch komfortable und nützliche Anwendungen (Electronic Banking oder Electronic Mail) weiter gefördert.[18]

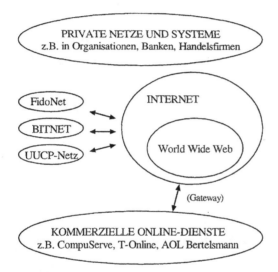

Abbildung 3: Aufbau des Cyberspace mit den wichtigsten Online-Netzen
In Anlehnung an: December/Randall 1995, S. 317.

Alle Online-Dienste sind Teil des **Cyberspace**, dem Datenweltraum, in dem sich der Mensch mittels Computertechnik bewegt. Technisch betrachtet besteht der Cyberspace (Abbildung 3) aus einzelnen, selbständigen Computernetzwerken und -systemen, die den Austausch von Information und die Kommunikation unter den Benutzern bewerkstelligen. Diese Systeme und Netze verwenden für den Nachrichtenaustausch unter-

---

[17]   Vgl. Preissner (1995a), S. 91 ff.
[18]   Vgl. Treplin (1995), S. 18 und S. 22.

schiedliche Protokolle. Viele. aber nicht alle Netzwerke besitzen Gateways (oder Austauschpunkte), um auf die Ressourcen des Internet zuzugreifen.[19]

Zu Beginn des Jahres 1995 teilten sich die beiden Anbieter Datex-J und CompuServe nahezu den gesamten kommerziellen deutschen Online-Markt. Wegen völlig unterschiedlicher Zielgruppen bestand kaum Konkurrenz. Im Laufe des Jahres kündigten vier weitere Online-Dienste (AOL Bertelsmann, eWorld, Microsoft Network und Europe Online) ihren Markteintritt in Deutschland an. Das Internet, ein nicht-kommerzieller Online-Dienst, verzeichnete 1995 auch in Deutschland wachsende Anschlußzahlen. Zum Jahresende 1995 hatte sich die Situation für Online-Dienste in Deutschland grundlegend gewandelt (Tabelle 1).[20]

Dienst	Betreiber (Anteilseigner)	Nutzer weltweit	Nutzer in Deutschland	verfügbar USA/BRD
Internet	nicht-kommerziell	50.000.000	1.200.000	1969/1972
CompuServe	H&R Block *	3.900.000	220.000	1979/1990
T-Online	Deutsche Telekom **	980.000	980.000	1983/1983
AOL Bertelsmann	AOL, Bertelsmann	4.500.000	15.000	1983/1995
eWorld ***	Apple Computer	130.000	k.A.	1994/1995
Microsoft Network	Microsoft, TCI	600.000	k.A.	Aug 1995
Europe Online	Burda, AT&T, Meigher	k.A.	k.A.	Dez 1995

* Börsengang von CompuServe für 1996 geplant

** Beteiligung von AOL, Bertelsmann und Springer geplant

*** Betrieb von eWorld ist weltweit zum 31.3.1996 eingestellt worden.

Tabelle 1: Online-Dienste in Deutschland zum Jahresende 1995

3.2 Internet

Der englische Begriff Internet wird mehrdeutig verwendet. "**An Internet**" ist ein Netzwerk von Rechnern, die mittels der TCP/IP-Protokolle Daten austauschen können. Die Bezeichnung "**The Internet**" beschreibt den weltweit größten Verbund von Computernetzwerken, die miteinander unter dem Mantel der TCP/IP-Protokolle kooperieren und

---

[19] Vgl. December/Randall (1995), S. 316 f.
[20] Vgl. Treplin (1995), S. 21.

in dem alle miteinander verbundene Netzwerke wie ein einziges, zusammenarbeitendes, virtuelles Netzwerk funktionieren.[21]

Die Datenübertragungsprotokolle *Transmission Control Protocol* (TCP) und *Internet Protocol* (IP) haben sich im Laufe der Zeit als Standards zur Verbindung heterogener Netzwerke etabliert. Auch die Verbindungen zwischen den an das Internet angeschlossenen Teilnetzen sind nicht homogen. Als Übertragungsmedien können Kupfer- und Glasfaserkabel, Satelliten und Richtfunk verwendet werden. Mit der Verbreitung des Betriebssystems Unix, in das das TCP/IP-Protokoll eingebunden ist, und der Zunahme lokaler Netzwerke hat sich TCP/IP als Standard durchgesetzt und somit auch das rasante Wachstum des Internet begünstigt.[22] Die zu übertragenen Daten werden normalerweise im Internet paketorientiert versandt. Die einzelnen Datenpakete werden mit Absender und Zieladresse versehen (IP-Protokoll) und um eine Prüfsumme sowie eine laufende Nummer ergänzt (TCP-Protokoll). Dadurch können Schwierigkeiten mit verlorenen Paketen und einer anderen Empfangsreihenfolge umgangen werden. Durch das einheitliche Protokoll können Daten flexibel durch verschiedene Netze weitergeleitet werden. An jeder Zwischenstation sortiert ein Router ankommende Pakete neu und leitet sie in die entsprechende Richtung weiter, bis sie ihr Ziel erreicht haben. Fällt eine Zwischenstation aus, werden die Datenpakete über einen anderen Weg weitergeleitet. Beim Empfänger sorgt das TCP-Protokoll für die Herstellung der richtigen Reihenfolge der Datenpakete.[23] Die auf den TCP/IP-Protokollen aufbauenden Anwendungen müssen sich nicht um die Versendung der Datenpakete kümmern.

Im Internet wird das Spektrum der nutzbaren Dienste nicht von den Netzbetreibern vorgegeben. Genutzt werden können Dienste, die auf TCP/IP aufsetzen. Auch die Entwicklung und der Einsatz eigener, neuer Dienste ist möglich. Eine weite Verbreitung ist davon abhängig, wieviele Nutzer diese als für sich relevant erachten. Die meisten Dienste dürfen kostenlos benutzt werden.[24] Internet-Dienste (Tabelle 2) können in Basisdienste (E-Mail, FTP, Telnet), Bulletin Board Systeme (Mail-Server, Mailing-Listen und Newsgroups), Informationsrecherchesysteme (Archie, Gopher, WAIS, World Wide Web), Verzeichnisdienste (Finger, Whois, X.500), Dateisysteme und Kommunikationssysteme (Talk, IRC, Video-Konferenzen) unterteilt werden.[25]

---

[21] Vgl. Lux (1995), S. 3.
[22] Vgl. ebenda, S. 3.
[23] Vgl. Fey/Hüskes/Kossel (1995), S. 141.
[24] Vgl. Lux (1995), S. 4.
[25] Vgl. Scheller/Boden/Geenen/Kampermann (1994), S. 2.

Basisdienste	Bulletin Board Systeme	Informations-recherche-systeme	Verzeichnis-dienste	Dateisysteme	Kommuni-kations-systeme
E-Mail	Mail-Server	Archie	Finger	*Alex*	Talk
FTP	Mailing-Listen	Gopher	Whois	*Prospero*	IRC
Telnet	Newsgroups	WAIS	X.500		Video-konferenzen
		WWW			

Tabelle 2:   *Internet-Dienste*
In Anlehnung an: Scheller/Boden/Geenen/Kampermann (1994), S. 2.

Electronic Mail (E-Mail) ermöglicht das Versenden einer Mitteilung von einer Person an eine Zielperson über elektronische Netzwerke, ohne daß der Empfänger anwesend bzw. sein Endgerät zu diesem Zeitpunkt erreichbar sein muß. Aus diesem Basisdienst haben sich *Mail-Server* entwickelt, die automatisch ankommende E-Mails analysieren und angeforderte Informationen zurücksenden. *Mailing-Listen* werden für die Versendung von Nachrichten von einer Person an viele Personen verwendet. Jeder an den Mailing-Listen-Verteiler geschickte Artikel erreicht alle Abonnenten der Liste. Über *Newsgroups* (Sammlung von Beiträgen zu einem Thema) werden Nachrichten von vielen Personen an viele Personen zugänglich gemacht. Dieses öffentliche Kommunikationsmedium ist mit einem weltweiten, nicht interaktiven Konferenzsystem vergleichbar.[26]

Die Datenübertragung zwischen verschiedenen Rechnern über das Internet wird durch das *File Transfer Protocol* (FTP) ermöglicht. Mit *Archie* steht eine monatlich aktualisierte Datenbank der Dateien zur Verfügung, die weltweit über FTP-Server angeboten werden. Zur Datenfernverarbeitung wird der dritte Basisdienst *Telnet* verwendet. Er erlaubt die Nutzung der Kapazitäten räumlich entfernter (Groß-)Rechner am eigenen Computer.[27]

Gopher ist ein weltweites Informationssystem, bei dem die Informationen über hierarchisch strukturierte Menüpunkte abgerufen werden können. Der Benutzer muß beim Anklicken der Menüpunkte nicht wissen, wohin er eine Verbindung aufbaut. *WAIS* (Wide Area Information Service) ist ein Netzwerkservice, bei dem Datenbestände (Volltext) nach inhaltlichen Kriterien durchsucht werden können. Das *World Wide Web*

---

[26]   Vgl. Herbert (1995), S. 67 sowie Hosenfeld (1994), S. 113.
[27]   Vgl. Herbert (1995), S. 67.

(WWW) ist ein mit grafischer Benutzeroberfläche ausgestattetes, auf Hypertext basierendes Informationssystem.[28] Den Anwendern steht eine einheitliche Schnittstelle für alle wichtigen Internet-Dienste zur Verfügung (Telnet, FTP, Archie, WAIS, Gopher, News, HTTP). Mit dem WWW ist eine multimediale Darstellung von Texteinträgen, Grafiken, Dialogelementen, Animationen und Sounds möglich. Leichte Bedienbarkeit und technische Möglichkeiten machen es mittlerweile zu einem der beliebtesten Dienste des Internet.

Internet Talk (Talk) erlaubt eine Online-Unterhaltung mit einem Gesprächspartner, während der *Internet Relay Chat* (IRC) Online-Kommunikation zu bestimmten Themen mit vielen Gesprächspartnern ermöglicht. An Verfahren für *Audio- und Video-Konferenzen* über das Internet wird noch experimentiert.

Viele weitere Serviceleistungen des Internet basieren auf den oben vorgestellten Diensten. Durch das wegen seiner Größe praktisch unüberschaubare Angebot werden nahezu alle Bereiche abgedeckt: Diskussionsforen zu vielen Sachgebieten, Angebote zur Aus- und Fortbildung, staatliche und kommunale Dienste, Postdienste, Informationsdienste (inkl. Zeitungen und Zeitschriften), Bankdienste, geschäftliche Anwendungen oder Unterhaltungsangebote. Wissenschaftler und Künstler nutzen das Internet mit seinen neuartigen Kommunikationsmöglichkeiten für eigene Entwicklungen und Publikationen. Angesichts seiner dezentralen Struktur ist das Internet einer hohen Dynamik unterworfen, die detaillierte Beschreibungen sehr schnell veralten läßt.

Forscher arbeiten in Zusammenarbeit mit dem Internet Architecture Board (IAB) zur Zeit an einer Fortentwicklung des Internet-Protokolls: IP Next Generation. Der Adreßraum zweier Netz-Klassen erreicht aufgrund der großen Nutzerzahl in naher Zukunft seine Grenzen. Auch soll das Internet um zwei unabhängige Sicherheitsoptionen ergänzt werden. Die Überprüfung auf Authenzität und Integrität sowie die Implementierung von Verschlüsselungsverfahren sollen die Sicherheit für Anwender verbessern.[29] Neben Verfahren, die Video-Konferenzen ermöglichen sollen, wird auch mit Voice Mail, Video Mail und VRML-Browsern (für dreidimensionale Darstellungen) experimentiert. Mit der Programmiersprache Java erhält das Internet gegenwärtig eine neue Basis für die Entwicklung weiterer neuer Dienste sowie für eine einfachere Programmierung von Anwendungen.[30]

---

[28] Vgl. Herbert (1995), S. 68.
[29] Vgl. Wiggins (1995a), S. 560 ff.
[30] Vgl. Herbst (1996), S. 22 ff.

Ursprünglich ist das Internet für nicht-kommerzielle Zwecke konzipiert worden. Es werden keine zentral erhobenen Netzgebühren oder Einschaltgebühren verlangt. Jeder Computer und jedes Netzwerk kann an das Internet angeschlossen werden. Neben einem Rechner wird ein Modem, ein Telefonanschluß, Kommunikationssoftware (inkl. Anwendungen) sowie eine Zugangsberechtigung zu einem bereits an das Internet angeschlossen Netz benötigt. Der Aufbau einer direkten (Standleitung) oder indirekten Verbindung (Wählleitung) entscheidet über die Nutzungsmöglichkeiten des Anwenders. Internet-Service-Provider betreiben Rechnernetze, die in das Internet integriert sind. Sie bieten ihren Kunden gegen ein Entgelt die Möglichkeit des Zugriffs auf ihr Teilnetz, über das auf andere, ins Internet eingegliederte Rechnernetze zugegriffen werden kann.

Im Internet sind *heterogene* Computernetze *dezentral* miteinander verbunden. Niemand kann daher das Internet kaufen, besitzen oder beherrschen. Es setzt sich aus vielen, unterschiedlichen Teilnetzen zusammen: Nationale Backbone-Netze (Hochschul-, Forschungs- und Verwaltungsnetze), Bürgernetze (Community Networks, Mailboxsysteme und Freenets), Firmennetze, kommerzielle Anbieternetze (Telekommunikations- und Mehrwertnetze) sowie Mischformen. Wegen der dynamischen und ständig wachsenden Struktur des Internet ist eine genaue Größe des Netzes nicht feststellbar. Obwohl das Internet nur ein Teil des Cyberspace (Abbildung 3) ist, stellt es die gegenwärtig größte Ausprägung eines WANs dar. Vom Internet existieren Gateways zu anderen WAN-Netzwerken, die unter völlig anderen Protokollen laufen (z.B. FidoNet, BITNET, UUCP-Net).

In Deutschland besteht das Internet aus mehreren parallelen Teilnetzen. Die kommerziellen Internet-Service-Provider EUnet Deutschland (Dortmund) und Xlink (Karlsruhe), die aus Initiativen der Informatik-Fakultäten der jeweiligen Universitäten entstanden sind, dominierten lange Zeit den deutschen Internet-Service-Provider-Markt. Erst 1994 wurde das Duopol durch MAZ und Contrib.Net aufgebrochen. 1995 stiegen ECRC und Nacamar in das kommerzielle Internet-Service-Provider-Geschäft ein. Der Wissenschaftsbereich (Universitäten und Forschungsinstitute) ist überwiegend über das vom DFN betriebene Wissenschaftsnetz (WiN) angeschlossen. Eine Reihe weiterer Firmen, die über eine Leitung mit einem Anbieter in den USA verbunden sind, verkaufen diese Kapazitäten in Deutschland auf eigene Rechnung. Aber auch kommerzielle Online-Anbieter, internationale Telekommunikations- und EDV-Konzerne mit eigenen weltweiten Netzwerken (wie CompuServe, IBM, MCI oder T-Online) arbeiten in Deutschland als Internet-Service-Provider.[31]

---

[31] Vgl. Lux (1995), S. 24.

Das Internet ist *selbstorganisierend*. Eine zentrale Organisation war und ist nicht mit Planung, Kontrolle und Organisation des Netzes betraut. Jedes einzelne Netz wird von seinem eigenen Koordinator verwaltet. Er trägt die Verantwortung für den Betrieb seines Computernetzes und dessen Anbindung an Nachbarnetze. Die Teilnetze sind technisch, organisatorisch und finanziell autonom. Dennoch müssen gewisse organisatorische Aufgaben auch im Internet wahrgenommen werden: Mit der Vergabe und Verwaltung von IP- und Domain-Adressen sind Network Information Center (NIC) beauftragt. Für die Standardisierung und Weiterentwicklung des TCP/IP-Protokolls liegt die Zuständigkeit beim Internet Architecture Board (IAB) und seinen Subkommitees Internet Engineering Task Force (IETF) und Internet Research Task Force (IRTF). Die Internet Society (ISOC) sorgt unter anderem für den Ausbau und die Koordinierung internationaler Verbindungen.[32]

Hardware, Software und Netztechnologien entwickeln sich ständig weiter. Viele grundlegenden Technologien des Internet sind von amerikanischen Wissenschaftlern entwickelt worden, weil das Internet aus einem US-amerikanischen militärischen Forschungsprojekt entstand.[33] Zunehmend tragen aber auch Forscher aus anderen Ländern aktiv zur Fortentwicklung der Technik bei: Das World Wide Web ist am CERN in Genf, das Internet Phone in Israel entwickelt worden. Nach einer militärischen und einer wissenschaftlich-öffentlichen Entwicklungs- und Nutzungsphase durch Universitäten und Regierungsstellen gewinnt seit 1994 die kommerzielle Nutzung des Internet eine dominierende Bedeutung. So ist ein Zuwachs an kommerziellen Inhalten (direkte Produktwerbung und Produktvermarktung) im Internet zu beobachten. Kommerzielle Interessen dominieren auch immer stärker den Betrieb der Teilnetze (ANS, MCI, Sprint) und die Erstellung von Software (Netscape, Sun).[34]

Durch die offene Konzeption des Internet kann jeder Teilnehmer mit einem vollwertigen Anschluß sowohl Informationsanbieter als auch Informationskonsument sein. Daher steigt die weltweit verfügbare Datenmenge täglich, wovon auch die Nutzer profitieren können. Schätzungen liegen bei weltweit 50 Millionen Internet-Nutzern an über 60.000 Netzwerken (bei knapp 1.2 Millionen potentiellen Nutzern in Deutschland). In Deutschland verfügen rund 300.000 Nutzer über einen direkten IP-Zugang.[35] Das monatliche Wachstum des Internet wird auf rund zehn Prozent geschätzt, wobei kommerzielle Internet-Bereiche etwas stärker wachsen.[36] In Rußland, Indien, dem Baltikum

[32] Vgl. Weichselgartner (1996), S. 136 ff.
[33] Die Entstehung des Internet wird in Kapitel 4.1.1 aufgezeigt.
[34] Vgl. Jaros-Sturhahn/Löffler (1995), S. 6.
[35] Vgl. Zakon (1995), S. 1 ff. sowie BMWi (1995), S. 64.
[36] Vgl. Ellsworth/Ellsworth (1995), S. 4.

oder Ungarn ersetzt das Internet mittlerweile in vielen Unternehmen herkömmliche Informationsstrukturen (wie Telefon oder Fax), die meist nur mit erheblichen Aufwand modernisiert oder genutzt werden können.[37] Ein an das Internet angeschlossenes Kommunikationssystem, das sehr leistungsfähig sein kann, läßt sich dagegen mit relativ geringen Aufwand einrichten.

Durch das Internet können sich qualitative, neue Formen der Zusammenarbeit entwickeln. Die Schnelligkeit von Veröffentlichungen im Internet verbessert den allgemeinen Informationsfluß. Ein schneller Austausch von Informationen bei im ganzen geringeren Kommunikations- und Portokosten wird ermöglicht: Nachrichten und Problemlösungen sind rasch weltweit verfügbar, Antworten erreichen schneller den Empfänger. Dadurch verlieren geographische Entfernungen zunehmend an Bedeutung. Die weite Verbeitung des Internet erhöht die Informationsvielfalt. Da Übergänge zu vielen Rechnernetzen bestehen, können Informationen weltweit zu bestimmten Themengebieten in die Diskussion im Internet einfließen. Die Entstehung neuer, internationaler, stark untereinander aktiver Gemeinschaften wird durch das Internet gefördert. Dadurch können Interessen und Horizonte des Einzelnen erweitert werden.

Die Nutzung ist relativ preiswert. Die meisten Internet-Dienste und -Anwendungen stehen für die private Nutzung kostenlos (Public Domain Software) oder gegen ein geringes Entgelt (Shareware) zur Verfügung. Für eine gewerbliche Nutzung müssen jedoch häufig Lizenzen an die Urheber bezahlt werden. Die Dienste sind rund um die Uhr erreichbar. Durch grafische Oberflächen wie Gopher oder WWW wird das Internet auch für Laien immer einfacher zu bedienen, ohne daß ein Nutzer sich eine Vielzahl an Telefonnummern, Login-Kennungen, Passwörter und Zugangsnummern merken muß. Dies ist eine Hauptursache für den enormen Nutzeranstieg des Internet.

Schwierigkeiten bereiten den Nutzern des Internet gegenwärtig die mangelnden Sicherheitsmaßnahmen bzgl. Abhörbarkeit, Verfälschung, Geheimhaltung oder Verschlüsselung. Noch existieren keine weltweit verfügbaren, standardisierten und akzeptierten Sicherheitsmechanismen. Geheimdienste sorgen sich darum, die Kommunikation des organisierten Verbrechens nicht mehr abhören zu können, wenn diese hoch komplexe Sicherheitsmechanismen verwenden. In einigen Staaten wurde deswegen ein Kryptographieverbot erlassen. Die unzureichende Sicherheit schreckt jedoch potentielle Investoren und Nutzer ab.[38] Unsicherheit besteht auch über die jeweils gültigen rechtlichen Bestimmungen im Internet. Die durch das Internet verbundenen Länder (über 140 Na-

---

[37] Vgl. Diwischek/Schuckmann (1995), S. 85.
[38] Vgl. Beykirch (1995), S. 125.

tionen) verfügen über sehr unterschiedliche Gesetzgebungen, die auch Aktivitäten im Netz betreffen. In einigen Staaten erfüllen bestimmte Fälle der Internet-Nutzung (z.B. Verschlüsselung von Dateien in Frankreich) Strafbestände, was in anderen Staaten nicht der Fall ist. So kann unbemerkt mit einem weltweit angebotenen Dienst im Internet gegen geltende Gesetze verstossen werden. Durch eine mangelnde Rechtssicherheit droht daher eine Stockung der internationalen wirtschaftlichen Entwicklung des Internet.[39] Aber auch innerhalb Deutschlands ist die Rechtslage nicht eindeutig. 1996 ermitteln Staatsanwaltschaften in München und Mannheim gegen die Internet-Service-Provider CompuServe und T-Online wegen Verdachts der Beihilfe zur Verbreitung kinderpornographischer und antisemitischer Schriften über das Internet, die auf ausländischen Rechnern zum Abruf bereit stehen. Ob Internet-Service-Provider dafür zur Rechenschaft gezogen werden können, ist bisher in Deutschland nicht zweifellos geklärt.[40]

.3.3 CompuServe Information Service

CompuServe Information Service ist ein vorwiegend amerikanisch geprägter Dienst, der seit 1979 am amerikanischen Online-Markt und seit 1990 in Deutschland vertreten ist. Weltweit waren zum Jahresende 1995 rund 3.9 Millionen CompuServe-Nutzer registriert.[41] In über 150 Ländern verfügt CompuServe über zumindest einen nationalen Zugangsknoten. Eigentümer der Muttergesellschaft ist der Finanzkonzern H&R Block Inc. Es sind Joint Ventures in Japan und Tochtergesellschaften in Australien, Deutschland und Frankreich gegründet worden.[42]

Die *deutsche Niederlassung* (München) verzeichnete 1995 ca. 220.000 zahlende deutsche CompuServe-Anwender (Vergleich 1994: 78.800).[43] Bis zum Jahresende 1995 konnten monatlich bis zu 20.000 Abonnenten als Neukunden gewonnen werden. Die Gebührenstrukturreform der Deutschen Telekom (neue Tarife seit dem 1.1.1996), eine Sperrung des Zugangs von bestimmten Newsgroups des Internet für CompuServe-Anwender und die Währungsumstellung von US-Dollar auf DM (mit höheren Grundgebühren) führen 1996 zu einem eher verhaltenen Wachstum. Die weltweite Sperrung von rund 200 Newsgroups erfolgte im Zusammenhang mit Ermittlungen wegen Verdachts der Beihilfe zur Verbreitung kinderpornographischer Schriften. Sie ist nach einer Pro-

---

[39] Vgl. Fey/Hüskes/Kossel (1995), S. 142.
[40] Vgl. Kossel/Möcke (1996), S. 14 ff.
[41] Vgl. Rademacher (1996b), S. 23.
[42] Vgl. Lauer (1994), S. 17 ff.
[43] Vgl. Zschunke (1996), S. 3.

test- und Austrittswelle national begrenzt und Mitte Februar 1996 größtenteils wieder aufgehoben worden.[44]

Die *Dienste des CompuServe Information Service* sind schwerpunktmäßig auf Geschäftskunden (professionelle Anwender) ausgerichtet. Das Angebot umfaßt auch Dienste für Privatkunden, die zukünftig stärker berücksichtigt werden sollen. Unter den über 3000 angebotenen Datendiensten finden sich allerdings bisher nur 63 deutschsprachige Datendienste. 900 Foren zum Erfahrungsaustausch zu bestimmten Fachbereichen ergänzen mit schwarzen Brettern, Datenbibliotheken und Konferenzschaltungen das Angebot. Im computerbezogenen Bereich verfügt CompuServe durch die Präsenz der meisten Hard- und Softwareanbieter über eine hohe Bedeutung. Informationen, Up-Dates, Demoversionen, Public Domain Software, Shareware und Freeware von über 700 Herstellern stehen zum Abruf bereit. Es existieren auch Verbindungen zu anderen Mail-Diensten (z.B. Telex, Telefax, Telebrief, X.400-Subsysteme) und zum Internet.[45]

Die angebotene Dienste werden in die Kategorien Free Service, Basis Service, Extended Service und Premium Service unterteilt, mit denen unterschiedliche Nutzungsgebühren (auf Zeitbasis) verbunden sind. Die Executive Service Option ergänzt mit Spezialinformationen für Führungskräfte das Angebot. Die Internet-Nutzung wurde zunächst gesondert in Rechnung gestellt. Für Kunden bedeutete dies sehr verwirrende Abrechnungen. Der Erfolg des Konkurrenten America Online mit seiner einfachen Abrechnung bewog CompuServe 1995 zu einer Restrukturierung des Abrechnungssystems. 1996 sind die Preise in Deutschland von US-Dollar auf DM umgestellt worden: Zu 19,95 DM für fünf Stunden Grundnutzung pro Monat und 4,95 DM für jede weitere Stunde fallen Zusatzgebühren (z.B. für Premium-Dienst) und Telefongebühren an.

Zwei Großrechnerzentren mit rund 120 Mainframes in Columbus (Ohio) sorgen weltweit für die Bereitstellung aller CompuServe-internen Dienstangebote. Die zunehmende Anzahl europäischer Nutzer und deren steigende Internet-Nutzung sorgen für eine hohe Belastung der interkontinentalen Übertragungsverbindung von Europa nach Amerika. Daher plant CompuServe, daß Europa 1996 ein eigenes Rechenzentrum erhalten soll. Internet-Zugänge in Deutschland, Frankreich und Großbritannien sollen die Verbindungen in die USA weiter entlasten.

---

[44] Vgl. Kossel/Möcke (1996), S. 14 ff.
[45] Vgl. Lauer (1994), S. 65.

16

1993 standen den Nutzern bundesweit zehn Einwahlknoten sowie Zugänge über Datex-J und Datex-P zur Verfügung. Ihre Zahl wurde 1995 auf 62 Einwahlpunkte erhöht (13 mit 9600 bzw. 14400 Bit/s und 49 mit 2400 Bit/s Übertragungsgeschwindigkeit). Nach Erweiterung der internen Übertragungskapazität auf 30 Mbit/s plant CompuServe für 1996 die Ausweitung des Netzes auf 180 Zugangsknoten sowie die Bereitstellung von ISDN-Anschlüssen. Zur Nutzung werden ein Computer, Modem, Telefonanschluß und CompuServe-Zugangssoftware (Terminalemulationsprogramm, Online-Reader oder Offline-Reader) benötigt. Der weit verbreitete Online-Reader *CompuServe Information Manager* (CIM) erhielt 1995 eine neue Oberfläche mit einem integrierten WWW-Browser samt Internet-E-Mail-Funktion. Mittlerweile ist auch die Erstellung eigener Internet-Seiten möglich.[46]

3.4 Telekom Online

Der stärker werdende Wettbewerb um Kunden zwingt neben CompuServe auch **Telekom-Online** (T-Online) zu Veränderungen des bestehenden Angebotes. T-Online entwickelte sich aus dem Bildschirmtext (Btx) und Datex-J. Btx ist ein Kommunikationsdienst, bei dem Texte, Daten und Grafiken seitenorientiert über Telefonleitungen übertragen und mit Hilfe von Modem und Decoder auf einem Fernseher oder Monitor sichtbar gemacht werden. Der stark auf den deutschen Sprachraum ausgerichtete Service wurde von der Deutschen Bundespost in Zusammenarbeit mit dem British Post Office als Videotex-Dienst entwickelt und 1983 als **Bildschirmtext** eingeführt.

Dieser Dienst verzeichnet die meisten Teilnehmer aller kommerziellen Online-Dienste in Deutschland. Bis 1992 konnte allerdings nur ein leichter Anstieg auf 340.000 Nutzer registriert werden, womit die Zahlen weit unterhalb jeder Prognose[47] vor Einführung des Dienstes blieben. Mit einer veränderten, aggressiven Marketingstrategie[48] wurde das System als **Datex-J** neu plaziert. Dem klassischen Btx wurden Übergänge zu Cityruf, Telefax, Telebrief und E-Mail hinzugefügt. Der kombinierte Verkauf von Decodern und Anschlüssen sowie die Verbreitung von Homebanking-Software mit integriertem Datex-J-Anschluß sorgte für ein Ansteigen der Nutzerzahlen. Ende 1994 wurden bereits über 700.000 zahlende Kunden verzeichnet. Die allgemeine Internet-Euphorie, die für Werbezwecke genutzt wird, sorgt seit 1995 für einen weiteren massiven Wachstumsschub. Mit dem neuen Namen **T-Online**, einer neuen grafischen Oberfläche KIT

---
[46] Vgl. Fey (1995), S. 50.
[47] Vgl. Kubieck/Berger (1990), S. 143.
[48] Diese Aktionen werden von der 1&1 Direkt GmbH aus Montabaur durchgeführt.

(Kernsoftware für Intelligente Terminals) und einem integrierten Internet-Zugang konnte die Reichweite des Dienstes 1995 auf 980.000 Kunden erhöht werden.[49]

Im Dezember 1995 wurde der Online-Dienst T-Online aus der Deutschen Telekom AG ausgegliedert und in eine Beteiligungsgesellschaft überführt. An der gegründeten *T-Online GmbH* sind die Deutsche Telekom AG (62 %), AOL Europa Bertelsmann Online (33%) und der Axel Springer Verlag AG (5%) beteiligt. Die beteiligten Unternehmen wollen im Bereich Online-Dienste zukünftig zusammenarbeiten.[50]

Genutzt wird T-Online von privaten und professionellen Nutzern. Ende 1994 existierten rund 650 geschlossene Benutzergruppen, zu denen nur ein beschränkter Teilnehmerkreis eine Zugangsberechtigung besitzt. Sie dienen in der Regel zur deutschlandweiten Kommunikation von Unternehmen mit Außendienstmitarbeitern und Niederlassungen.

5700 Anwendungen stehen allen Benutzern von T-Online zur Verfügung. Beim Homebanking besitzt T-Online eine Monopolstellung in Deutschland, da deutsche Kreditinstitute Online-Banking für Privatkunden bisher nur über diesen Dienst anbieten. Ein zuverlässiges Sicherheitskonzept sorgt für einen Marktvorteil gegenüber dem Internet oder CompuServe. Banken und Sparkassen übernehmen die Kosten des Erstanschlusses für ihre Privatkunden, da sie sich vom Homebanking über T-Online eine Senkung der eigenen Verarbeitungskosten versprechen. Homeshopping (z.B. Quelle, Otto, Baur oder Neckermann), Auskunfts- und Informationsdienste (z.B. Deutsche Bahn AG oder Lufthansa) ergänzen das Angebot. Unterhaltungs- und Erotikdienste finden in den Medien überproportionale Aufmerksamkeit.

Ein Zentralrechner in Ulm stellt rund 780.000 Bildschirmseiten der rund 2700 kommerziellen Anbieter bereit.[51] Über 550 externe Rechner mit einem eigenen Angebot sind an T-Online angekoppelt. Seit 1995 wird auch der direkte Zugriff auf das Internet angeboten. Dabei handelt es sich um einen vollwertigen Direktzugang auf Basis des Point-to-Point-Protokolls (PPP) im Rahmen der neuen Oberfläche KIT. Angebote können seitdem hochauflösende Grafik, Sound und die leichte Mausbedienung nutzen. T-Online gewinnt dadurch an optischer Qualität. Allerdings müssen alle alten Seiten neu programmiert werden, wenn sie von KIT profitieren wollen. Die benötigte Software wurde kostenlos an die Kunden verteilt.

[49] Vgl. Schneeberger (1996), S. 10.
[50] Vgl. Borchers (1996), S. 40.
[51] Vgl. Schmidt (1996), S. T1 f.

Für die T-Online-Anschlußbereitstellung ist 50 DM zu zahlen, die aber von rund 400 Vermarktungspartnern übernommen werden kann. Neben der monatlichen Grundgebühr (8,00 DM analoger Anschluß, 64,00 DM ISDN-Anschluß) werden stündliche Nutzungsgebühren von 3,60 DM (Standardtarif) bzw. 1,20 DM (Spartarif) berechnet. Diese werden um Zuschläge für Btx Plus-Nutzung (3,60 DM/h) und Internet-Nutzung (6,00 DM/h) sowie Gebühren für die Inanspruchnahme bestimmter Seiten (seiten- oder zeitorientiert) ergänzt. Ab Mai 1996 sollen die Kosten für Internet-Nutzung auf 3,00 DM/h gesenkt werden. Weil T-Online über ein flächendeckendes Einwahlnetz verfügt, werden Verbindungsgebühren bundesweit lediglich zum Ortstarif berechnet. Die Übertragungskapazitäten sind mittlerweile von 1200 auf 2400 Bit/s erweitert worden. Wegen der Nachfrage nach schnelleren Zugängen werden die Zugangsknoten seit 1995 auf 14.400, 28.800 und 64.000 Bit/s (ISDN-Qualität) ausgebaut.[52]

Neben dem deutschen Bildschirmtext wurden von anderen nationalen PTT-Unternehmen weitere *interaktive Videotex-Dienste* entwickelt. 1995 konnte France Télécom mit *Teletel/Minitel* die höchste Teilnehmerzahl verzeichnen: 6.500.000 Nutzer. Dieser Dienst wurde 1983 eingeführt, um unter anderem die Ausgaben für das gedruckte Telefonbuch und die Fernsprechauskunft einzusparen. Der französischen Bevölkerung wurden kostenlos einfache Terminals (Minitel) zur Verfügung gestellt. Auf die Erhebung einer monatlichen Grundgebühr ist verzichtet worden. Über 8000 Anbieter sind in diesem französischem Online-Dienst vertreten. Andere verbreitete nationale Videotex-Dienste existieren in den Niederlanden (Videotext), Italien (Videotel), Großbritannien (Prestel Network) und der Schweiz (Videotex).[53]

3.5   Weitere verfügbare Online-Dienste

Das Jahr 1995 markiert für den deutschen Markt der Online-Dienste einen entscheidenden Wendepunkt. Vier neue Dienste (AOL Bertelsmann, eWorld, Microsoft Network und Europe Online) nahmen ihren Betrieb in Deutschland auf.

Im Frühjahr 1995 schlossen sich *America Online Inc.* und die deutsche *Bertelsmann AG* zusammen, um gemeinsam einen europäischen Online-Dienst **AOL Bertelsmann Online** mit Sitz in Hamburg aufzubauen. Im Zusammenhang mit dieser Partnerschaft wurde die Bertelsmann AG Aktionär (5 Prozent) bei America Online Inc. Dieser Allianz schloß sich im Herbst 1995 die *Deutsche Telekom AG* an, die eine Option der

---

[52] Vgl. Moritz (1995), S. 148 ff.
[53] Vgl. Hansen (1995), S. 10.

Bertelsmann AG auf ein weiteres Aktienpaket an America Online wahrnahm. Eine Fusion von AOL Bertelsmann Online und T-Online ist nicht geplant. Statt dessen soll T-Online zukünftig mehr auf professionelle Anwender und AOL auf private Haushalte ausgerichtet werden.[54]

Am 28. November 1995 nahm AOL in Deutschland den deutschsprachigen Dienst auf. Der Online-Dienst auf Basis der AOL-Infrastruktur und -Technik wird um ein nationales Angebot ergänzt. Für den Aufbau des europäischen Dienstes werden Startinvestitionen in Höhe von rund 300 Millionen DM veranschlagt. Inhaltliche Schwerpunkte des deutschsprachigen Angebots liegen bei Nachrichten, Information, Homebanking, Software, Unterhaltung und Gesundheit. Es wird auch ein Zugang zu allen amerikanischen und europäischen Diensten und dem Internet angeboten.[55]

Die monatliche Grundgebühr von 9,90 DM umfaßt zwei Stunden Nutzung. Jede weitere Stunde Nutzung wird mit 6,00 DM berechnet. Weitere Zuschläge existieren nicht. Das Zugangsnetz wird 1996 aus rund 50 Knoten mit 28.800 Bit/s und 64.000 Bit/s (ISDN)-Anschlüssen bestehen. Die Verbindungskosten bis zum Einwahlpunkt zahlt der Nutzer über seine Telefonrechnung.[56] Bis Ende 1995 konnten bereits 15.000 zahlende Kunden gewonnen werden.[57] Für 1996 ist die Eröffnung von Diensten in Großbritannien, Frankreich, Benelux und Skandinavien geplant. 1995 wurde AOL nach 12 Jahren mit rund 4,5 Millionen Nutzern neuer Marktführer (1993: 500.000).[58] Durch weitere strategische Allianzen versucht America Online Inc., seine Position gegenüber den Konkurrenten zu festigen.

Mit der AOL-Technologie wurde auch der von *Apple Computer* betriebene Online-Dienst **eWorld** ausgestattet. Der seit Juni 1994 in den USA verfügbare Dienst ist speziell für Macintosh-Nutzer entwickelt worden, um Apple-Kunden mit Informationen und Software zu versorgen. Folglich lag der inhaltliche Schwerpunkt von eWorld im technischen Bereich rund um den Apple Macintosh. Die Oberfläche wurde sehr reichhaltig mit multimedialen Komponenten (Grafiken, Stimmen, und Geräusch-Tools) ausgestattet. Anfang März 1996 verkündet Apple, daß der Online-Dienst eWorld im Rahmen neuer Unternehmens-Strategiekonzepte zum 31. März 1996 eingestellt wird. Apple möchte stattdessen seine sonstige Präsenz im Internet stärker ausbauen.[59]

---

[54] Vgl. Wendeln-Münchow (1996), S. 6.
[55] Vgl. Schnorbus (1995), S. 24.
[56] Vgl. ebenda, S. 24.
[57] Vgl. Zschunke (1996), S. 3.
[58] Vgl. Rademacher (1996b), S. 23.
[59] Vgl. Mc Coy (1996), S. 6.

Als

In Deutschland waren bis Ende 1995 elf Zugänge (zu 9.600 Bit/s und 14.400 Bit/s) in Betrieb. Zur Nutzung von eWorld mußte amerikanische Software verwendet werden, über die der Zugriff auf Informationsdienste, Diskussionsforen und einen Internet-Zugang möglich war. Die Abrechnung in Deutschland erfolgte in US-Dollar: Zur Grundgebühr von 9,95 US-Dollar (inkl. einer Stunde Nutzung) fielen 9,95 US-Dollar für jede weitere Stunde Nutzung sowie die Telefongebühren an. Bei einem Zugriff aus dem Internet heraus wurden als Grundgebühr 9,95 US-Dollar für fünf Stunden und 2,95 US-Dollar für jede weitere Stunde berechnet.[60]

Auch das Softwareunternehmen *Microsoft* entschloß sich zu einem Einstieg in das Online-Geschäft. Im August 1995 startete **Microsoft Network** (MSN) seinen Betrieb als eigenständiger Online-Dienst. Zusammen mit seinem neuen Betriebssystem Windows 95 wurde die notwendige Zugangssoftware für den Online-Dienst verteilt. In der Bündelung von Betriebssystem und Zugangssoftware sahen die Konkurrenten einen kartellrechtlich bedenklichen Wettbewerbsvorteil und zogen vor Gericht. Eine endgültige Entscheidung wurde bisher vertagt.[61] Bis Ende 1995 wurden bereits rund 600.000 Kunden gewonnen.[62] Dennoch verkündete Bill Gates im Dezember 1995 einen aufsehenerregenden Wechsel der MSN-Strategie. Nach einem strengen Abgrenzungskurs gegenüber dem Internet wurde das Konzept gewechselt: Statt den Aufbau eines eigenen Netzes weiter zu forcieren, soll MSN Bestandteil des Internet werden. Microsoft möchte dazu stark in das Internet-Geschäft einsteigen.[63]

Das Angebot von MSN umfaßt u.a. Informationsdienste, Diskussionsforen (MSN-Bulletin-Boards) und einen Internet-Zugang. Für europäische Anwender wird dieser Internet-Zugang erst ab 1996 nutzbar sein. Außerdem konnte in der Anfangsphase mit neun deutschen Anbietern (bei rund 200 Anbietern weltweit) nur ein mageres Dienstangebot präsentiert werden. Für den April 1996 wird im Rahmen der neuen MSN-Strategie mit einer kompletten Umstrukturierung des Angebots gerechnet.[64] Ein Zugang zu MSN besteht in Deutschland seit September 1995. 18 Einwählknoten mit Übertragungsgeschwindigkeiten von 9.600 Bit/s und 14.400 Bit/s stellten 1995 die Verbindung von Deutschland zum Zentralrechner in Bellevue (bei Seattle, Washington) her. Ein weiterer Ausbau des Netzes ist für 1996 geplant. Dann sollen sich 75 Prozent der deutschen Haushalte zum Ortstarif einwählen können. Der Nutzer bezahlt 14,00 DM Grundgebühr

---

[60] Vgl. Herda/Blachnitzky (1995), S. 12 f.
[61] Vgl. Kurzidim (1995f), S. 70.
[62] Vgl. Zschunke (1996), S. 3.
[63] Vgl. Rademacher (1995), S. 15
[64] Vgl. Gellweiler (1996), S. 15.

(inkl. zwei Stunden freier Nutzung) sowie 7,50 DM für jede weitere Stunde pro Monat. Außerdem müssen Zuschläge für bestimmte Dienste bezahlt werden.

Ein weiterer deutscher Großverlag, der *Burda Verlag*, plante 1995 einen Einstieg in den europäischen Online-Dienst-Markt. Zusammen mit britischen (*Pearson*) und französischen (*Matra-Hachette*) Verlagshäusern sowie *luxemburgischen Investmentbanken* sollte **Europe Online** als eigenständiger Online-Dienst entwickelt werden. Hierzu wurde die Softwareplattform Interchange, ein komfortables Online-Betriebssystem, von AT&T lizensiert. Am Streit über eine Öffnung zum Internet zerbrach im Herbst 1995 dieses Bündnis. Matra-Hachette zog sich aus der Holding zurück, um ein eigenes Netz von Internet-Einwählknoten in Frankreich aufzubauen und um sich mehr auf seine eigenen Inhalte zu konzentrieren. Pearson kündigte eine plattform-neutrale Entwicklung und den Aufbau von eigenen Internet-Zugängen in Großbritannien an.[65] Weitere Verhandlungen mit dem Metro-Konzern und der Springer Gruppe führten zu keinem Erfolg. Damit war auch die Idee eines geschlossenen, europäischen Netzes mit exklusiven Inhalten gescheitert.

Mit neuen Partnern (*AT&T* und *Meigher Communications*) versucht Europe Online nach dem Scheitern als eigenständiger Dienst sich als Content Provider im Internet. Auf die Nutzung der Softwareplattform Interchange ist verzichtet worden. Seit dem 15. Dezember 1995 ist Europe Online im Internet mit einem eigenen Angebot präsent. Die Inhalte zu den Sparten Service, Kommunikation, Nachrichten und Unterhaltung stehen in deutscher, englischer und französischer Sprache zum Abruf bereit.[66] Als Zielgruppen des Dienstes haben die Betreiber Familien, junge PC-Nutzer und Kleinunternehmer im Auge. 200 lokale Einwahlpunkte mit mindestens 14.400 Bit/s (inkl. 40 ISDN-Zugängen) sollen bundesweit aufgebaut werden, um möglichst vielen Kunden die Einwahl im Nahbereich zu ermöglichen.[67] Eine monatliche Grundgebühr von 7,00 DM umfaßt zwei Stunden Dienst-Nutzung, jede weitere Stunde kostet 4,20 DM.

Die amerikanischen Online-Dienste **GEnie, Prodigy, Delphi** und **BIX** haben bisher keinen großen Markteintritt in Deutschland erwogen. Sie sind in Deutschland jeweils über einen zentralen Zugangspunkt zu erreichen.

Mailboxen (Elektronische Briefkästen oder Bulletin Board Systeme) dienen ebenfalls zum Informationsaustausch. Die Verbindung erfolgt über Modem und Terminalprogramm. Mailboxen ermöglichen den Empfang und die Versendung elektronischer Post

---

[65] Vgl. Froitzheim (1995), S. 123.
[66] Vgl. Weber (1995b), S. 21.
[67] Vgl. Zschunke (1996), S. 3.

Diskussionsforen, Dateiaustausch und Dateiversand. Mailboxen werden in kommerzielle (z.B. GeoNet) und nicht-kommerzielle (z.B. FidoNet, MAUS-Net, Z-Netz) unterteilt. Allein in Deutschland existieren über 2.000 Mailboxen. [68]

Abschließend ist festzustellen, daß das Internet in Zukunft eine führende Rolle im Bereich der Online-Dienste einnehmen wird. Mit dem breiten Informationsspektrum und den günstigen Zugriffskonditionen können kommerzielle Online-Dienste nur schwer konkurrieren. Sie haben sich daher auf diese Entwicklung bereits eingestellt: CompuServe, T-Online und AOL bieten seit Mitte 1995 einen Zugang zum Internet an. MSN und Europe Online verzichten auf eine eigene Online-Dienst-Plattform und richten ihren Dienst auf das Internet aus. [69]

3.6   Indikatoren für einen verzögerten Erfolg

Bei der Betrachtung des deutschen Online-Marktes sind einige Indikatoren für eine verzögerte Entwicklung zu beobachten. Nach wie vor wird der deutsche Online-Markt durch das Ausgangsland USA stark geprägt. So ist die weltweite Sprache der Online-Dienste Englisch. [70] Der Umfang an deutschsprachigen Angeboten ist im weltweiten Vergleich noch gering, aber er nimmt stetig zu. Mitte 1995 konzentriert sich in Amerika mit über 10 Millionen die größte Zahl der Teilnehmer an Online-Diensten. Dies hängt sicherlich auch damit zusammen, daß Online-Dienste in den Vereinigten Staaten weitaus früher und im größeren Umfang angeboten wurden als in der Bundesrepublik. Über die höchste Anschlußdichte pro Einwohner verfügt allerdings Frankreich, wo allein 6.5 Millionen Anschlüsse für Minitel eingerichtet sind (Deutschland: 1.2 Millionen Online-Anschlüsse). [71]

Auch die Zahl der Internet-Hosts je Haushalt (Abbildung 4) weist 1994 bei Deutschland mit 4 Prozent auf eine verzögerte Entwicklung hin. Im Vergleich verfügt das Internet in Finnland (21 %), Norwegen (20 %), Schweiz (16 %), USA (14 %) und Schweden (13 %) über eine breitere Basis. [72] Aus dieser Beobachtung läßt sich die Folgerung ziehen, daß in diesen Ländern deutlich mehr Haushalte Zugang zum Internet haben als in der Bundesrepublik. Für den Zugriff auf Online-Dienste verwenden Privatnutzern überwiegend PC und ein dazugehöriges Modem. Beim Vergleich dieser Kennzahlen ist

---

[68]   Vgl. von Gamm/Grawe (1994), S. 2 ff.
[69]   Vgl. Bartmann/Wörner (1996), S. B2.
[70]   Vgl. Kinnebrock (1994), S. 145.
[71]   Vgl. BMWi (1995), S. 64.
[72]   Vgl. Charlier/Karepin (1994), S. 62.

festzustellen, daß die Ausstattung von Privathaushalten mit PC und Modem in den USA (39/21 Prozent) weitaus höher als in der Bundesrepublik (30/4.2 Prozent) liegt.[73]

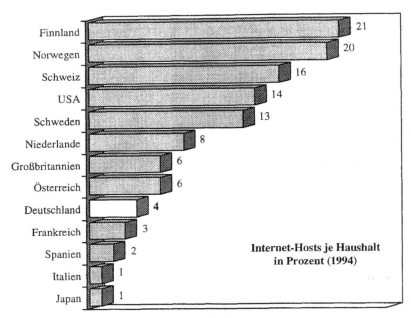

Abbildung 4: Internet-Hosts je Haushalt (1994)
Quelle: Trend - Charlier/Karepin (1994), S. 62.

Deutschland verfügt gegenwärtig bei Online-Diensten weder über eine vergleichbare Infrastruktur noch eine entsprechend hohe Nutzerzahl wie die Vereinigten Staaten. Der allgemein zu beobachtende Trend des Anstiegs der Nutzerzahlen bei allen Online-Diensten in Deutschland erlaubt hier aber von einem verzögerten Erfolg zu sprechen. In den beiden folgenden Kapiteln, die sich mit den Ursachen dieser Verzögerungen intensiv auseinandersetzen, werden eine Vielzahl weiterer Indikatoren für eine verzögerte Entwicklung aufgezeigt. Dabei kann der Eindruck entstehen, daß die Ausführungen zu USA-lastig sind. Aber die Vereinigten Staaten haben in vielen Bereichen bei der Neu- und Fortentwicklung von Online-Diensten eine führende Rolle inne. Am Beispiel der USA lassen sich Entwicklungstendenzen daher besonders gut aufzeigen, wenn die gegenwärtige Situation in Deutschland analysiert wird. Der Ausblick auf aktuelle Trends soll diese Untersuchung sinnvoll ergänzen.

---

[73] Vgl. Hansen (1995), S. 9.

4 Rahmenbedingungen für den Betrieb von Online-Diensten

Service Provider (Netzbetreiber) sind für Aufbau und Betrieb von Online-Diensten verantwortlich. Sie treffen die grundlegenden Entscheidungen, von denen die Akzeptanz und der Erfolg eines Online-Dienstes abhängt. Bei ihren Entschlüssen müssen Netzbetreiber auf die Telekommunikationsordnung und die politischen Rahmenbedingungen Rücksicht nehmen. Diese Themenbereiche werden im folgenden Kapitel behandelt.

4.1 Aufbau und Betrieb eines Online-Dienstes mit Netzinfrastruktur

Für den Betrieb eines Online-Dienstes ist die Entwicklung einer Basistechnologie und der Aufbau einer Netzinfrastruktur notwendig. Dabei kann der **Service Provider** entweder auf Eigenentwicklungen setzen oder Leistungen von Dritten beziehen (Fremdbezug). Es sind auch Mischformen zu beobachten. Zu Beginn steht die *Entwicklung einer grundlegenden Netztechnologie* (Protokolle). In dieser Entwicklungsphase können potentielle Abrechnungsmethoden (*zugangsbasiert*: Anschluß- und Nutzungsdauer, *inhaltsbasiert*: Inanspruchnahme von Informationen oder *handelsbasiert*: Umsatzanteil) festgelegt werden.

Nach Festlegung auf eine bewährte Technologie wird mit dem *Aufbau einer Netztopologie* begonnen. Im Vordergrund steht der Aufbau und die Ausstattung eines eigenen Netzwerkes (Geographie, Bandbreiten, Hardware, Übertragungsverbindungen, Vertriebsniederlassungen). Es können auch Anschlüsse über Gateways an andere Netzwerke oder das Internet eingerichtet werden. Parallel dazu wird die *Entwicklung der Mehrwertdienste* (Basisdienste, erweiterte Dienste, Netzwerkmanagement und Datensicherheit) forciert.

Mit der Markteinführung müssen dann auch Tarifstruktur, Abrechnungszeiträume und die Art der Kundenbetreuung festgelegt werden. Für den Aufbau eines Online-Dienstes sind hohe Anfangsinvestitionen erforderlich. Diese können sowohl von privaten Investoren als auch von staatlichen Stellen im Rahmen der Innovationsförderung zur Verfügung gestellt werden. Erst wenn eine ausreichende Nachfrage an der Dienstnutzung besteht, ist ein Online-Dienst in der Lage, sich selbst zu tragen.

4.1.1 Entwicklung von Netzinfrastrukturen in den USA

Am *Internet* soll beispielhaft auf die Entwicklung einer Netzinfrastruktur in den USA eingegangen werden. Im Jahre 1957 startete die US-Bundesregierung, geschockt durch den sowjetischen Erfolg mit dem ersten künstlichen Erdsatelliten Sputnik, eine Vielzahl von Forschungsprogrammen, mit dem Ziel, die US-Militärtechnologie wieder in eine weltweit führende Position zu bringen. Dazu wurde die Advanced Research Project Agency (ARPA) gegründet, eine Abteilung des US-Verteidigungsministeriums, zuständig für die Forschungsmittelvergabe zur Entwicklung neuer innovativer Technologien. Sie bekam unter anderem den Auftrag, die militärische Nutzbarkeit von Computernetzwerken zu prüfen und gegebenenfalls zu fördern. Die paketorientierte Datenübertragung erfüllte die Kriterien und wurde darauf mit militärischen Forschungsmitteln unterstützt.[74]

1969 wurde an mehreren US-Universitäten mit dem Aufbau des ARPANet begonnen, eines Netzwerkes zur paketorientierten Datenübertragung. Die Entwicklung von Technologie und Netz verlief dabei parallel. Seit 1973 entwickelten Forscher das TCP/IP-Protokoll, das heute zur Verbindung unterschiedlicher paketorientierter Netzwerke benutzt wird. Seit 1983 werden nur noch die TCP/IP-Protokolle für die Datenkommunikation zwischen Rechnern im ARPANet zugelassen. Ungefähr ein Jahr später wurde das ursprüngliche Netz in das MILNet (für militärische Anwendungen) und das ARPANet (für zivile Zwecke, Forschung und Anwendungen) aufgeteilt.[75] Die Phase der ersten Standardisierung war damit abgeschlossen. Das seit 1983 vertriebene Unix-Betriebssystem V 4.2 BSD beinhaltet die TCP/IP-Protokolle als integrale Bestandteile. Durch die weite Verbreitung des Betriebssystems, vorrangig in Workstations, konnte ein weitflächiger Aufbau von TCP/IP-Netzen erreicht werden.[76]

1989 wurde der Datenverkehr vom ARPANet ins NSFnet verlagert und schließlich das ARPANet ganz eingestellt. Das NSFnet, als ein US-nationaler Verbund leistungsstarker Rechner für Forschungszwecke geplant, wurde mit staatlichen Fördermitteln 1988 auf 1.5 Mbit/s (T1-Backbone) und 1992 auf 45 MBit/s (T3-Backbone) ausgebaut. Seine hohen Übertragungskapazitäten machten es zum Rückgrat (Backbone) der Datenübertragung im amerikanischen Teil des Internet.[77] Die National Science Foundation (NSF), 1986 von Senator Albert Gore ins Leben gerufen, übernahm nach dem Rückzug der ARPA aus der Finanzierung die ARPANet-Finanzierung. Daneben entwickelten sich

---

[74] Vgl. Zakon (1995), S. 1 ff.
[75] Vgl. Kahn (1994), S. 16 f.
[76] Vgl. Zakon (1995), S. 1 ff.
[77] Vgl. ebenda, S. 1 ff.

weitere TCP/IP-Netze auf nationaler, regionaler und lokaler Ebene, von denen einige anfänglich mit öffentlichen Geldern unterstützt wurden. Im Jahre 1995 wurde der NSFnet-Backbone abgeschaltet, da nach Meinung der amerikanischen Bundesregierung eine ausreichende Grundlage für private Netzanbieter vorhanden sei. Die NSF unterstützte bis 1995 den Betrieb des amerikanischen Internet jährlich mit rund 12 Mio US-Dollar Steuergeldern.[78] Heute wird der größte Teil des amerikanischen Internet-Verkehrs über kommerzielle Netze abgewickelt. Zu den nationalen kommerziellen Netzen zählen das Alternet (UUNet), PSInet (PSI), SprintLink (Sprint), ANSnet (ANS) und das MCInet (MCI). Es werden allerdings das ESnet (US-Energieministerium), NSInet (NASA) und MILNet sowie einige TCP/IP-Forschungsnetze an Universitäten weiter mit öffentlichen Mitteln unterstützt.

Bei kommerziellen Online-Diensten dominieren finanzielle Gesichtspunkte die Entwicklung. Solange noch kein weltweit akzeptierter Standard für Datenübertragung vorhanden war, wurde die Entwicklung proprietärer Systeme vorangetrieben. Die Netzbetreiber schlossen Verträge mit Microcomputer-Herstellern, damit Hard- und Software für die Online-Nutzung zusammen mit neuen Computern ausgeliefert wird. In Anbetracht des weltweiten Erfolgs des TCP/IP-Protokolls wird seit 1995 von nahezu allen Anbietern ein Übergang auf den Internet-Standard erwogen und vorbereitet. Mit strategischen Allianzen und Kooperationen (mit anderen Netzbetreibern oder Content Providern) versuchen die Online-Dienstanbieter ihre Positionen im Konkurrenzkampf zu verbessern. Der Wettbewerb um Kunden führt zu übersichtlicheren und niedrigeren Preisen. Die Nutzungsgebühren der Dienste bewogen sich Ende 1995 bei der Grundgebühr um rund 10 US-Dollar und bei rund 3 US-Dollar für jede weitere Stunde Nutzung über die in der Grundgebühr eingeschlossenen Freistunden hinaus. Die Kommunikationskosten sind für Nutzer entweder in der Telefon-Grundgebühr enthalten (bei Vereinbarung kostenloser Ortsgespräche) bzw. werden von den Service Providern durch gebührenfreie Netznummern (wie 1-800-X) übernommen.

4.1.2 Aufbau von Online-Diensten in Deutschland

Auf Grund des technischen Vorsprungs ausländischer Unternehmen bei der Entwicklung von Online-Diensten sahen sich alle deutschen Online-Anbieter genötigt, auf Fremdentwicklungen zurückzugreifen. Die Deutsche Bundespost übernahm für ihren Online-Dienst *Bildschirmtext* die vom British Post Office in den frühen 70er Jahren

---

[78] Vgl. Bredemeier (1994), S. 2.

entwickelte Konzepte der Videotex-Technik (Prestel).[79] Die Anpassung (Pilotprojekte) und der Netzaufbau erfolgte durch die Deutsche Bundespost, DBP Telekom bzw. Deutsche Telekom AG. Dennoch hatten die Betreiber lange Jahre mit Akzeptanzproblemen (und damit finanziellen Problemen) zu kämpfen, ehe sich mit *Datex-J* und *T-Online* ein Erfolg abzeichnet. Erst 1995 waren die Anfangsverluste abgebaut, die im Zusammenhang mit den Startinvestitionen entstanden sind.[80]

Die *amerikanischen kommerziellen Online-Dienste* bauen auf Basis ihrer eigenen Netz-Infrastruktur und -Technik zuerst eine Niederlassung in Deutschland (als Anlaufpunkt für amerikanische Geschäftsleute) auf. Von einem zentralen Einwahlpunkt besteht eine Verbindung zum Zentralrechenzentrum in den USA. Später wird dieser Zugang um weitere Einwählpunkte ergänzt, damit der Online-Dienst langfristig flächendeckend zum Ortstarif zur Verfügung stehen kann. Deutsche Content Provider können bereits in dieser Phase ins Angebot aufgenommen werden. Aber erst nachdem sich eine ausreichende Anwenderzahl gefunden hat, wird bewußt ein eigenes deutschsprachiges Angebot eingeführt.

Europe Online, der zuerst die Online-Plattform Interchange von AT&T lizensierte, verzichtet auf eine proprietäre Systemtechnik und bietet sein Angebot über das Internet (TCP/IP-Protokoll) an. Neben der Nutzung des Datex-P-Netzes stützt er sich auf die existierenden *deutschen Teilnetze des Internet*. Damit sind hauptsächlich das seit 1984 aufgebaute Deutschen Wissenschaftsnetz WiN (DFN-Verein) einschließlich seiner regionalen Testbeds (wie BelWue) und die Netze der professionellen Internet-Service-Provider (EUnet, Xlink, MAZ, Contrib.Net, ECRC und Nacamar) gemeint. Diese bemühen sich, wie auch kommerzielle Online-Anbieter, jeweils um den Aufbau eines flächendeckenden Netzes in Deutschland. Bis 1994 beherrschten EUnet und Xlink den deutschen Internet-Markt, wobei die Preise für einen kompletten Internet-Zugang auf einem hohen Niveau stagnierten. Mittlerweile verfügen alle Internet-Service-Provider über Spezialpreise für Privatkunden (Tabelle 6), die allerdings eine niedrigere Leistungsqualität haben. Dennoch bewegen sich die Angebote preislich noch deutlich höher als in den Vereinigten Staaten. Verschiedenartige Abrechnungsverfahren (Pauschalgebühr, volumen- oder zeitorientiert), unterschiedliche Bandbreiten (abhängig von digitalen oder analogen Anschlüssen) machen Vergleiche zwischen Internet-Service-Providern sehr schwierig. Die kommerziellen Online-Dienste verlangen 1996 Grundgebühren zwischen 8 und 20 DM im Monat und rund 6 DM für jede weitere Stunde Nutzung über die eingeschlossenen Freistunden hinaus.

[79] Vgl. Woolfe (1980), S. 13 f.
[80] Vgl. Schmidt (1996), S. T1.

4.1.3 Ursachen für eine verzögerte Entwicklung von Online-Diensten bei Service Providern in Deutschland

Zunächst wird auch die Entwicklung von Online-Diensten in Deutschland durch **allgemeine technologische Probleme** behindert, die alle weltweit anzutreffen sind. Dazu werden bspw. *Programmierfehler, Sicherheitslücken, Übertragungsprobleme* oder *Systemzusammenbrüche* gezählt. *Online-Dienste*, insbesondere das Internet, stehen zur Zeit noch *am Anfang der technischen Entwicklung.* Die Grundlagen des Internet, des ältesten Online-Dienstes, wurden erst in den Sechziger Jahren gelegt, vor knapp 30 Jahren. Die *technischen Herausforderungen* sind auch heute *noch sehr umfangreich,* was die Entwicklung marktreifer Produkte verzögert. So sind bisher noch *nicht genügend Dienste von allgemeinem Interesse* entwickelt worden, die sich zur "Killerapplikation"[81] eignen. Electronic Banking und Electronic Mail verkörpern die ersten erfolgreichen Beispiele, die einen Vorgeschmack auf weitere Entwicklungsrichtungen bieten. Dem *Internet fehlen* im Gegensatz zu kommerziellen Online-Diensten noch *netzweite Inkassostrukturen.* Jeder Anbieter muß mit jedem seiner Kunden ein individuelles Vertragsverhältnis herstellen und das Inkasso selbst durchführen. Bei kommerziellen Online-Diensten überläßt in der Regel ein Anbieter dem Netzbetreiber das Inkasso. Dennoch lehnen Kunden häufig wegen Sicherheitsbedenken Transaktionen über Online-Dienste ab.[82]

Zweitens haben alle Online-Dienste weltweit mit **Sicherheitsproblemen** (Datenschutz und Datensicherheit) zu kämpfen. Beim Internet ist die Problematik besonders schwerwiegend. Bisher existiert *kein global akzeptierter und zuverlässiger Sicherheitsstandard* für das Internet. Das wesentliche Sicherheitsrisiko liegt in der Abhörbarkeit des Internet, die Unbefugten den Zugang auf transferierte Information ermöglicht. Eine verschlüsselte Informationsübertragung kann zwar Schäden begrenzen, aber es muß dennoch mit Mißbräuchen gerechnet werden, da Schlüssel auch decodierbar sind.[83] Vielversprechende Entwicklungen befinden sich in der Testphase, aber Exportrestriktionen der US-Regierung bezüglich Verschlüsselungsverfahren[84] sowie Kryptographieverbote in anderen Staaten verhindern noch eine weltweit abhör- und fälschungssichere Datenkommunikation auf hohem Sicherheitsniveau.[85] Dadurch sind *Transaktionen mit Zahlungsverkehr besonders gefährdet,* weil eine böswillige Manipulation von Finanzdaten

[81] Eine Killerapplikation ist ein Dienst oder eine Anwendung, der für viele Nutzer ein alleiniger Anschaffungsgrund (für einen Online-Anschluß) ist.
[82] Vgl. Treplin (1995), S. 82.
[83] Vgl. Jaros-Sturhahn/Löffler (1995), S. 9.
[84] Die Ausfuhr von Verschlüsselungsprogrammen fällt unter das Waffenexportgesetz und kann mit bis zu 10 Jahren Haft bestraft werden.
[85] Vgl. Bartmann/Wörner (1996), S. B2.

möglich ist. Die Angst vor Mißbrauch im Internet verunsichert noch viele potentielle Investoren. T-Online konnte dagegen mit einem ausgeklügelten Sicherheitssystem solche Bedenken beseitigen. Der Zugriff auf ein Konto erfolgt nur mit einer persönlichen Identifikationsnummer (PIN). Überweisungen werden zusätzlich mit einer Transaktionsnummer (TAN) gesichert, welche die kontoführende Bank vergibt.[86] T-Online ist gegenwärtig der einzige Anbieter im Bereich Homebanking in Deutschland. Da das Internet über kein zentrales Sicherheitsmanagement verfügt, kann die *Netzwerksicherheit nicht gewährleistet* werden. Dadurch werden potentielle Anbieter und Kunden abgeschreckt, die hohen Wert auf Netzwerksicherheit legen. Alle kommerziellen Online-Dienste verfügen dagegen über Netzwerk-Sicherheitskonzepte, um auch das Angebot in Krisenfällen (z.B. bei Stromausfällen) aufrecht erhalten zu können.

Dokument	Größe	Datenübertragungsgeschwindigkeit						
		9600 Bit/s	28800 Bit/s	64000 Bit/s	2 MBit/s	34 MBit/s	155 MBit/s	622 MBit/s
DIN A4 Seite	4 KB	3,41 s	1,14 s	0,51 s	0,02 s	0,001 s	0,0002 s	0,00005 s
Foto GIF-Format	400 KB	5:41 m	1:54 m	0:51 m	1,56 s	0,09 s	0,02 s	0,01 s
Röntgenbild	8 MB	1:56 h	0:39 h	0:17 h	32,0 s	1,88 s	0,41 s	0,10 s
Zeitungsseite (sw)	30 MB	7:16 h	2:26 h	1:06 h	2:00 m	7,06 s	1,55 s	0,39 s
Computersimulation	1 GB	10,4 d	3,45 d	1,55 d	1:08 h	4:01 m	0:53 m	0:13 m
Computeranimation	1,6 GB	16,6 d	5,52 d	2,49 d	1:49 h	6:26 m	1:24 m	0:21 m

Tabelle 3:   Übertragungsdauer von Dokumenten

Darüber hinaus sind in Deutschland jedoch Verzögerungen zu beobachten, die speziell auf nationalen Ursachen beruhen. Dazu zählt an erster Stelle eine **nicht ausreichend ausgebaute Netzinfrastruktur.** Die *Leistungskapazitäten* der Online-Dienste sind *zu gering.* Während in den USA Datenübertragungskapazitäten bei wichtigen Sammelleitungen zwischen 45 und 155 MBit/s betragen, werden in Deutschland größtenteils 2 MBit/s-Übertragungsstrecken als Backbones benutzt. Für multimediale Anwendungen ist dies eindeutig zu niedrig. Tabelle 3 gibt beispielhaft die minimalste Übertragungsdauer (ohne Kompression) bei typischen Dokumenten wieder. Die deutschen Teilnetze des Internet verfügen außerdem nur über *zwei innerdeutsche Knotenpunkte* (DE-CIX und INXS), zu denen aber *nicht jeder Internet-Service-Provider eine Zugangsberechtigung besitzt.* So verläuft ein nicht unerheblicher Teil der innerdeutschen Verbindungen über die USA, weil direkte Leitungen nicht existieren oder wegen vertraglicher Rege-

---

[86]   Vgl. Schmidt (1996), S. T1.

lungen versperrt sind.[87] Die geringen Datenübertragungskapazitäten verhindern so bei Rush Hour eine flüssige Datenkommunikation.

Aber auch beim Einstieg in Online-Dienste existieren Probleme. Zwar bietet AOL bereits mit 28.800 Bit/s analoge Netzzugangspunkte an, doch haben die meisten Anbieter (wie MSN, eWorld oder CompuServe) nur lokale *Zugänge mit geringen Einwahlgeschwindigkeiten* (9.600 Bit/s oder 14.400 Bit/s). Bei einigen Internet-Service-Providern müssen von Privatkunden sogar Qualitätsverluste beim Zugang hingenommen werden, da leistungsstarke Anschlüsse finanzkräftigen Geschäftskunden vorbehalten sind oder bestimmte Basisdienste (wie Name-Server oder WWW-Proxy) lokal nicht installiert sind.[88] Die *Anzahl der lokalen Zugangspunkte* ist bei den meisten Online-Diensten *zu gering*. So verfügen 1995 lediglich T-Online (0190) und der Internet-Provider Protel (01802-X) über bundesweit zum Ortstarif erreichbare Zugänge.[89] Protel hat mittlerweile einen kostenfreien 0130-Zugang eingerichtet, der aber unter völliger Überlastung leidet und daher nur in Ausnahmefällen zu nutzen ist. Bei einigen Online-Diensten sind dagegen teilweise Ferngespräche zur Nutzung notwendig, was Kunden aus finanziellen Gründen abschrecken kann. Konsequenz dieser noch unzureichenden Netzinfrastruktur sind *lange Wartezeiten* für Anwender bei der Datenübertragung, wodurch auch die *Telefongebühren unnötig ansteigen*.

Ein Internet-Anschluß war zudem in Deutschland lange Zeit zu teuer und zu schwierig zu bekommen. Sicherlich war dies auch bedingt durch den mangelnden Wettbewerb, solange *nur zwei Anbieter* am Internet-Service-Provider-Markt vorhanden waren. Diese hatten bis 1994 ein eher geringes Interesse an Privatkunden. Die Universitäten blieben daher lange Zeit die einzige Möglichkeit für Privatnutzer zu einem bezahlbaren Internet-Anschluß. Durch *Zugangsbeschränkungen* (Nutzung nur für wissenschaftliche Mitarbeiter und Studenten erlaubt) wurde aber eine frühe weitere Verbreitung behindert. Gemeinnützige Vereine (Individual Network e.V. und subNetz e.V.) versuchen seit 1991 hier eine Alternative zu bieten.[90]

---

[87] Vgl. Hüskes (1996), S. 28.
[88] Vgl. Meissner (1996), S. 124 ff.
[89] Vgl. Hüskes (1996), S. 28.
[90] Vgl. Heinau/Schlichting (1994), S. 245.

Anwendung	Netze (Geräte)		Verbreitung (Umfang)	
Sprachübermittlung	Telefon	ca.	38.000.000	Anschlüsse
	Mobiltelefon		3.700.000	Teilnehmer
	Netz-Digitalisierung		43	Prozent
Informations-	Personal Computer	ca.	15.000.000	Geräte (davon
verarbeitung		ca.	7.000.000	in Haushalten)
und digitale	ISDN		2.740.000	B-Kanäle verfügbar
Übermittlung		bei	846.000	ISDN-Basis-
				anschlüssen
		und	35.000	ISDN-Primärmulti-
				plexanschlüssen
	Glasfaser (Telekom)	ca.	100.000	km mit
		ca.	1.700.000	km Faserlänge
	Glasfaser (Sonstige)	ca.	11.500	km
Fernsehen	TV-Geräte	ca.	32.000.000	angemeldete Geräte
	Kabelanschlüsse	ca.	15.800.000	Anschlüsse, wobei
		ca.	24.200.000	potentiell verfügbar

Tabelle 4:   *Verbreitung wichtiger Netze und Endgeräte in Deutschland*
Quelle: BMWI (1995), S. 65 und BMWi (1996), S. 19.

Weiterhin ist die **allgemeine Kommunikationsinfratruktur** in der Bundesrepublik nur **unzureichend** ausgebaut. Zwar verfügt Deutschland über das dichteste Glasfasernetz der Welt: 100.000 km mit 1.700.000 km Faserlänge der Deutschen Telekom AG und ca. 11.500 km anderer Netzbetreiber (wie RWE, Deutsche Bahn AG oder Preussen Elektra). Aber bei der *Anzahl der Fernsprechhauptanschlüsse je 100 Einwohner* (46 je 100) oder bei der *Digitalisierung der Netze* ist Deutschland (43 Prozent) *nicht auf vorderen Plätzen* (Schweden: 69 je 100 sowie Frankreich: 86 Prozent) zu finden.[91] Bis 1995 wurden rund 24,2 Millionen Breitband-Anschlüsse verlegt. Von denen werden aber nur 15,8 Millionen und ausschließlich für die analoge Kabelfernsehübertragung genutzt. Die *Nutzung von Online-Diensten* über diese Anschlüsse ist derzeit noch *nicht möglich*. Daher müssen nahezu alle Nutzer auf das Telefonnetz ausweichen.[92]

Die *hohen Endgerätepreise* tragen nicht zu einer weiten Verbreitung von Online-Dienst-Zugangsgeräten bei. Die deutlich höheren Hardwarepreise wie bspw. in den

---

[91]   Zahlen sich auch durch die Folgen der Wiedervereinigung bedingt.
[92]   Vgl. BMWI (1995), S. 65 f. und BMWi (1996), S. 19 ff.

USA sind Ursache für die vergleichsweise langsamere Verbreitung von PCs und Modems. In Frankreich führte in den Achtziger Jahren eine staatliche Subventionierung der Minitel-Zugangsterminals durch die sozialistische Regierung zu einer weiten Verbreitung. Ein solcher Schritt wurde von der deutschen Regierung unter Helmut Kohl nicht erwogen, da er nicht in das politische Konzept der bürgerlich-liberalen Koalition paßte. Heute setzen viele Regierungen auf niedrigere Preise durch eine Deregulierung des Endgeräte-Marktes, wodurch mehr Wettbewerb entstehen soll.

Konsequenterweise müssen für den **Aufbau eigener Netze** in Deutschland **viel Zeit und finanzielle Mittel** in Anspruch genommen werden. Nach Entwicklung/Kauf einer Netztechnologie muß eine Netzinfrastruktur (Topologie) errichtet werden. Somit sind *hohe Anfangsinvestitionen* notwendig. Diese Markteintrittsbarrieren, besonders im Bereich kommerzieller Online-Dienste, sorgen für eine geringe Zahl von Netzbetreibern. In der Anfangsphase verfügt ein Online-Dienst normalerweise nur über eine *geringe Zahl Netzknoten*, die meist *in Ballungsgebieten* plaziert sind. Solange der Zugang für Nutzer mit hohen Ferngesprächskosten verbunden ist, greifen nur wenig Kunden auf ein Online-Dienstangebot zurück. Für den Aufbau eines flächendeckend zum Ortstarif verfügbaren Online-Dienstes werden hohe *Investitionen in Router und interne Übertragungsstrecken* benötigt, wenn der Netzbetreiber das Netz selbst aufbaut. Zusätzlich fallen laufende Kosten für Technik, Verwaltung und Personal an.

Die Fortentwicklung der Technik zwingt Netzbetreiber zu *ständigen Folgeinvestitionen*, um technisch auf den neuesten Stand zu bleiben. Darin eingeschlossen sind Kosten für die konzeptionelle Weiterentwicklung und die Bereitstellung von neuen Dienstangeboten. *Technische Probleme durch Fehler an der eingesetzten Hard- und Software*, die unter Umständen zu Systemausfällen führen, können die Dauer des Netzausbaus weiter verzögern. Bei amerikanischen Online-Diensten muß zusätzlich mit zeitlichen Verzögerungen gerechnet werden, wenn *das Angebot ins Deutsche übersetzt* werden soll. Gerade in der Anfangsphase *fehlen ausreichend attraktive Inhalte deutschsprachiger Anbieter*, weil bei potentiellen deutschen Dienstanbietern Unsicherheit über die Akzeptanz besteht. Da Inhalte sehr bedeutsam für die Technologiedurchsetzung sind, wird ein vielfältiges nationales Dienstangebot benötigt. Ein vernünftiges Angebot muß heranreifen und kann nicht von heute auf morgen realisiert werden. Zeitintensiv ist auch die *Suche nach Vertriebspartnern* für Online-Dienst-Zugänge sowie Hard- und Software, die unter Umständen Nutzern kostenlos zur Verfügung gestellt werden. Mit diesen Partnern muß ein *Vertriebskonzept* (Werbung, Angebote, Preise) erarbeitet und durchgeführt werden. Für den Betrieb des Online-Dienstes wird ein *ausgebildetes technisches Personal* benötigt, dessen Aus- und Fortbildung zeit- und kostenintensiv ist. So beziffert bspw. AOL Bertelsmann Online die veranschlagten Aufwendungen für den dreijährigen Aufbau des Online-Dienstes AOL in Europa auf *rund 300 Millionen DM*. Dabei sollen die Aufwendungen für Werbung und Kundenakquisition weit über denen für die Technik liegen.[93]

In diesem Zusammenhang ist zu sehen, daß bspw. Bertelsmann durch **unternehmerische Entscheidungen** lange Zeit verstärkt auf andere Technologien wie *Video on Demand* und *interaktives Fernsehen* statt auf Online-Dienste setzte. Die Chancen für diese Dienstleistungen erschienen den Entscheidungsträgern anfänglich sinnvoller. Erst im Frühjahr 1995 verkündete Bertelsmann öffentlich, seinen Schwerpunkt auf Online-Dienste durch eine Partnerschaft mit America Online zu verlagern. Um versäumtes Wissen im Bereich Multimedia aufzuholen, ging AOL Bertelsmann 1995 eine strategische Partnerschaft mit der Pixelpark Multimedia Agentur ein.

Außerdem konnten deutsche Online-Dienste lange Zeit durch ihre **mangelnde optische Attraktivität** viele potentielle Nutzer nicht überzeugen. Für die grafikverwöhnten Augen der PC-Besitzer waren die Blockgrafiken à la ZX 81 (besonders bei Btx/Datex-J) *zu fremd*.[94] Auf eine hohe grafische Auflösung haben die Betreiber bewußt verzichtet, um trotz niedriger Datenübertragungskapazitäten einen relativ schnellen Seitenaufbau zu ermöglichen. Auch heute sind Informationen häufig auf Grund mangelnder technischer Möglichkeiten *nicht ansprechend gestaltet*. Erst Dienste wie WWW (Internet) oder Btx Plus (T-Online) ermöglichen eine Abkehr von Blockgrafiken hin zu multimedialen Darstellungen.

Mit mangelnder optischer Attraktivität ist auch eine **mangelnde Benutzerfreundlichkeit** verbunden. Ein technik-zentrierter Aufbau führt zu einer *komplizierten Oberfläche mit vielen Unzulänglichkeiten*. Da Oberflächen bei der Markteinführung häufig noch nicht ausgereift waren, ist die *Bedienung* der Online-Dienste *sehr kompliziert* gewesen. So mußte bei der Auswahl von Menüpunkten unter Btx/Datex-J Ziffern eingegeben werden, anstatt daß auf eine komfortable Mausbedienung zurückgegriffen wäre. Die Entwicklung wirkungsvoller Navigationshilfen steht gegenwärtig am Anfang, wobei *Englisch als Anwendungssprache* dominiert. *Vielfältige und komplizierte Abfragesprachen* in Angeboten Dritter (wie Zugriff auf Online-Datenbanken) sorgen für weitere Verwirrung. Auch eine *mangelnde Sicherheit* bei der Auswahl, Abwicklung und Reklamation von *Transaktionen* spricht bei den meisten Online-Diensten gegen eine hohe Benutzerfreundlichkeit.

---

[93] Vgl. Sturbeck (1995), S. 22.
[94] Vgl. Fischer/Seth (1995), S. 100.

Schließlich verfügen die Online-Dienste gerade in Deutschland über einen weit verbrei-
teten **Konkurrenten**: Die **Videotext-Dienste der Fernsehsender**. Über Videotext-De-
coder, die mittlerweile in nahezu jedem Fernsehgerät eingebaut sind, stehen dem Nutzer
aktuelle Informationen auf Knopfdruck *"kostenlos"*[95] zur Verfügung. Es ist weder ein
PC mit Modem notwendig, noch erhöht sich die Telefonrechnung durch Videotext-Nutzung. Videotext-Dienste stehen mit Online-Diensten in starker Konkurrenz, wenn es um
aktuelle Informationen geht, die für den Benutzer wichtig, aber nur von kurzem Interesse sind: Informationen, Nachrichten, Sportergebnisse, Wetter und Fernsehhinweise. Online-Dienste in Deutschland müssen den Nutzern daher einen echten Mehrwert bieten.

4.1.4   Exkurs: Akzeptanzprobleme von Bildschirmtext

Bildschirmtext (Btx), der Vorläufer von T-Online, hatte besonders stark mit der *Konkurrenz der Videotext-Dienste* zu kämpfen. Beide Dienste kamen etwa zeitgleich auf
den deutschen Markt. Da Btx zu Beginn der Achtziger als erster Online-Dienst in
Deutschland gestartet wurde, soll in diesem Exkurs auf besondere Anlaufschwierig-
keiten eingegangen werden.

Lange Zeit hatte der Btx-Dienst in Deutschland mit einer **nicht gut ausgebauten Infrastruktur** zu kämpfen. Die *zu geringe Anzahl an Netzknoten* machte den Dienst vornehmlich nur für Bewohner aus der geographischen Nähe dieser Zugänge (vorrangig
Ballungszentren) interessant. Die *Datenübertragungskapazitäten des Netzes waren sehr
klein*. Anfänglich verfügte ein Btx-Nutzer lediglich über einen Empfang von 1.200
Bit/s, wobei er Nachrichten nur mit 75 Bit/s versenden konnte. Mit der Zeit wurde der
Btx-Dienst auf 1.200 Bit/s sowie später auf 2.400 Bit/s für Senden und Empfang aufge-
rüstet, was für hochauflösende grafische Darstellungen eindeutig zu gering ist, da *Über-
tragungen zu lange dauern*.[96] Dazu gab es *Probleme bei der Produktion* des notwen-
digen Hardware-Decoders, so daß eine anfängliche Nachfrage nicht ausreichend be-
friedigt werden konnte. *Software-Decoder* für PCs, die das Problem umgangen hätten,
gibt es *erst seit Ende der Achtziger Jahre*. Der Zugang zu Btx über PCs war zur Markteinführung nicht vorgesehen.[97] Nutzer in Deutschland mußten zudem *hohe Preise* für
die Endgeräte bezahlen, da weder subventioniert wurde, noch dritte Anbieter der DBP
Telekom bei Endgeräten Konkurrenz machen durften.

---

[95]   Die Kosten für Videotext-Nutzung sind in den ohnehin zu zahlenden Rundfunk- und
       Fernsehgebühren enthalten.
[96]   Vgl. Kubicek/Redder/Seeger/Tisborn (1993), S. 17.
[97]   Vgl. Schmidt (1996), S. T1.

Als Folge der unausgereiften Infrastruktur fielen bei längeren Übertragungszeiten auch **hohe Telefongebühren** an. Dazu mußten noch Gebühren für die Inanspruchnahme von Btx-Diensten addiert werden, die in der Regel zeitabhängig berechnet wurden. *Zeitabhängige Gebühren* wirken sehr hemmend auf die Nutzung und die Experimentierfreude eines Dienstes.[98] Zur Senkung der Übertragungsdauer wurde auf aufwendige Grafiken verzichtet, was wiederum zu einer **mangelnden optischen Attraktivität** führte. Die Blockgrafiken auf Basis des *CEPT-Übertragungsprotokolls* (24 Zeilen mal 40 Zeichen) schrecken Computerbenutzer auch noch 1995 ab. Durch weitere *technischen Unzulänglichkeiten* verfügte Btx über eine **mangelnde Benutzerfreundlichkeit**. Viel zu kompliziert war bspw. die Bedienung: Für die Anwahl einer neuen Seite war die Eingabe einer Ziffernkombination, eingeschlossen von Stern und Raute, notwendig. Eine *mangelnde Übersichtlichkeit* führte zusätzlich dazu, daß Verbraucher häufig nicht wußten, was sie mit den Dienstangeboten machen sollten.

Aber auch eine **verfehlte Marketingstrategie** sorgte für Akzeptanzprobleme des deutschsprachigen Btx-Dienstes. Die Deutsche Bundespost setzte auf private Nutzer als wichtigste *Zielgruppe*. Stattdessen nutzten Unternehmen den Btx-Dienst, den sie dann mit eigenen Informationsangeboten auch für Privatanwender verstärkt erschlossen.[99] Daneben hatte der Btx-Dienst mit seinem *schlechten Image* in der Öffentlichkeit zu kämpfen, das durch unsicheres Homebanking, Tele-Erotik-Angebote, Kinderpornographie oder rechtsgerichtete Propaganda bestimmt wurde. Erst mit Beginn der gezielten Marketingaktionen durch die Vertriebsgesellschaft 1&1 Direkt ab 1992 wurden viele dieser oben genannten Probleme gelöst.[100]

4.1.5 Aktuelle Trends

Die meisten Anbieter von Online-Diensten haben mittlerweile die oben erwähnten Problemfelder erkannt und Gegenmaßnahmen ergriffen. Zur Verkürzung der Entwicklungszeit bei gleichzeitiger Erhöhung der Reichweite stützen sich immer mehr, vor allem neue Anbieter, mit ihrer grundlegenden Netztechnik auf das TCP/IP-Protokoll (Europe Online, MSN). Staatliche Forschungsprojekte zur Erhöhung der Übertragungskapazitäten laufen parallel zu Ausbauaktivitäten der Netzbetreiber. Im Februar 1996 haben sich MasterCard und VISA auf einen gemeinsamen Standard zur Sicherheit bei Kreditkartenzahlungen in offenen Netzen geeinigt, der auch den Netzbetreibern zu Gute

---

[98] Vgl. CPSR (1993), K. 2.2.
[99] Vgl. Dorn (1995), S. 60 ff.
[100] Vgl. Fischer/Seth (1995), S. 100.

kommen wird.[101] Der zunehmende Wettbewerb bei Online-Diensten sorgt für weitere Investitionen und zunehmende Verbesserungen des Angebots, weil sich Anbieter nur durch zusätzliche Leistungen von ihren Konkurrenten abgrenzen können.

Der deutsche Online-Markt verfügt im Frühjahr 1996 noch über eine schmalbandige Basis, die in nahezu jeder Wohnung und jedem Büro (via Telefonanschluß) zur Verfügung steht. Der Zugriff für alle Bürger auf multimediale Online-Dienste über Breitband-Kapazitäten bleibt vorerst noch eine Wunschvorstellung. Aber in Projekten in den USA wird bereits versucht, Haushalte über Kabelfernsehanschlüsse an Online-Dienste breitbandig anzubinden.[102]

4.2 Einfluß der Telekommunikation auf Online-Dienste

Online-Dienste funktionieren bisher nicht ohne das Telefonnetz. Aus diesem Grunde ist es notwendig zu überprüfen, wieweit die Telekommunikationsordnung für Verzögerungen bei der Verbreitung von Online-Diensten in Deutschland verantwortlich ist.

Der internationale Telekommunikationsmarkt ist durch Privatisierung, Deregulierung und Globalisierung gekennzeichnet. Die Branche steht dabei in einem globalen Umbruch. Nach den Vereinigten Staaten, Großbritannien, Japan, Australien, Neuseeland, Chile, Venezuela, Jamaika, Malaysia und Indien wurde auch in den kontinentaleuropäischen Ländern mit der Liberalisierung der Telekommunikationsmärkte begonnen.[103] Dabei werden verschiedene Ansätze zum Anreiz von in- und ausländischen Investitionen verfolgt. Telekommunikationsunternehmen sind gegenüber Online-Diensten noch sehr aufgeschlossen. Sie versprechen sich durch die massenhafte Nutzung multimedialer Dienstleistungen eine verstärkte und hochprofitable Auslastung ihrer mit großem Kostenaufwand modernisierten Infrastrukturen.[104] Vermutlich werden sie zukünftig mit Substitutionseffekten zu kämpfen haben, wenn Dienste wie Internet Phone weltweit intensiv genutzt werden und dies zum Wegfall von Ferngesprächen führt.

---

[101] Vgl. Zeyer (1996), S. 20.
[102] Vgl. Steinbach (1995), S. 41.
[103] Vgl. Witte (1995b), S. 8.
[104] Vgl. Schwemmle (1996), S. 12.

4.2.1 Bestimmungen im liberalisierten Telekommunikationsmarkt USA

In den Vereinigten Staaten wurde 1984 nach einem Gerichtsentscheid mit der Entflechtung des damaligen privaten Monopolisten AT&T begonnen. Der Telekommunikationsmarkt ist seitdem durch private Monopole auf lokaler und regionaler Ebene (Local Exchange Carrier) sowie Wettbewerb im Fernverkehr (Competitive Access Provider, Interexchange Provider) gekennzeichnet. Internet-Service-Provider unterliegen bisher keiner Regulierung. Viele Telefonkonzerne bieten bereits Internet-Zugänge zu vergleichsweise günstigen Konditionen an. Den Kabelfernsehgesellschaften, die in Besitz einer Monopolstellung sind, ist das Anbieten von Telefondiensten bisher untersagt.

Local Exchange Carrier (LEC) sind Monopolanbieter von Sprachdiensten in einer bestimmten geographischen Region. LECs wie die Baby Bells dürfen weder Fernverbindungsdienste noch Fernsehdienste anbieten. Auf dem Gebiet der Datenkommunikation darf er jedoch mit anderen Dienstanbietern konkurrieren, bspw. mit *Competitive Access Provider* (CAP) beim lokalen digitalen Zugriff oder dem Sprach- oder Datenfernzugriff. Die rund 400 CAPs sind wettbewerbsorientierte Zugangsanbieter, die eine digitale Teilnehmerleitung zu einem *Interexchange Provider* (IXC) oder Datendienst-Provider bereitstellen. IXC sind Fernnetzbetreiber, die wettbewerbsorientiert Sprach- und Datenfernverbindungen anbieten. Sie dürfen keinen lokalen Telefondienst anbieten. Zu den drei großen Fernnetzbetreibern gehören AT&T (60 % Ferngesprächsanteil), MCI (20 %) und Sprint (8 - 10 %).[105]

Die Telekommunikationsgesellschaften haben unterschiedliche Tarife und Rabattpläne (Discount Services). So kann bspw. in der monatlichen Grundgebühr eine unbegrenzte Zahl an Ortsgesprächen eingeschlossen sein. Der Wettbewerb zwischen Anbietern sorgt für niedrige Preise. Eine starke staatliche Regulierung wird durch die *Federal Communications Commission* (FCC) ausgeübt, die in den "Rules and Regulations" festgelegt sind. Sie kontrolliert den Marktzutritt und reguliert die Tarife. Diese US-Telekommunikations-Regulierungsbehörde dient dem Schutz der Konsumenten und der Mitbewerber vor der Marktmacht der dominierenden Anbieter.[106]

Politische Bestrebungen in den USA versuchen die Regelungen weiter aufzuheben, so daß auch Kabelgesellschaften in das Telefongeschäft und Telefongesellschaften in das Fernsehgeschäft einsteigen können. Mit dem *neuen Telekommunikationsgesetz* (Februar 1996) wird die schrittweise Deregulierung fortgeführt. Das Monopol der LECs wird

---

[105] Vgl. Fehr (1995a), S.27 und Carl-Mitchell (1995), S. 124 ff.
[106] Vgl. BMPT (1991), S. 150 f.

fallen: Ferngesprächsgesellschaften dürfen ins Geschäft mit lokaler Gesprächsvermitt-
lung einsteigen, während die regionalen Telefonkonzerne in den Ferngesprächs-, Aus-
landsgesprächs-, Datentransfer-Markt und das Fernsehgeschäft eintreten dürfen. Ebenso
werden die Monopole der Kabelfernsehgesellschaften fallen, wobei die Preise erst nach
drei Jahren freigegeben werden sollen.[107] Bereits im Vorfeld kam es zu Ankündigungen
von Unternehmenszusammenschlüssen und zu Massenentlassungen bei AT&T (84.000
Stellen bis 1998), um sich auf den verschärften Wettbewerb vorzubereiten. In diesem
Zusammenhang sind auch die Experimente zur technischen Fortentwicklung zu sehen:
Video on Demand via Telefonleitung (Telekomkonzerne), Telefongespräche und Da-
tentransfer über Kabelleitungen (Kabelfernsehgesellschaften), Zugang zu Telefonfern-
gesprächen über Kabelleitungen (Sprint) oder Mobilfunk (AT&T).[108]

4.2.2   Rahmenbedingungen der Telekommunikation in Deutschland

In Europa herrschten bis in die Achtziger Jahre stabile monopolistische Strukturen beim
Netzbetrieb sowie im Dienste- und Endgerätebereich vor, die starken politischen Ein-
flüssen ausgesetzt waren. Damit waren vergleichsweise geringe Innovationsraten und
eine geringe internationale Arbeitsteilung verbunden.[109] Deregulierungsmaßnahmen,
wie sie von der damaligen EG oder nationalen Regierungen eingeleitet wurden, sorgten
für eine Liberalisierung der bisher geschlossenen nationalen Märkte. Dadurch entwik-
kelte sich eine inhomogene Markt- und Reguliersituation innerhalb Europas. In der
Europäischen Union verfügt mittlerweile Großbritannien mit rund 160 Anbietern über
den liberalisiertesten Telekommunikationsmarkt, dessen Fernmeldetarife auch zu den
niedrigsten in Europa gehören.[110]

In Deutschland wurde 1989 mit der **Postreform I** die schrittweise Liberalisierung, der
Einführung von Wettbewerb und Privatisierung der Fernmeldeverwaltung, begonnen.
Es wurde eine Neustrukturierung der **Deutschen Bundespost** durchgeführt, bei der die
unternehmerischen Bereiche (Postdienst, Postbank und Telekom) von den politisch-ho-
heitlichen Bereichen getrennt wurden. Das Netz-, Telefondienst- und Funkmonopol
blieb der **DBP Telekom** weiter erhalten. Ausnahmen wie die Fernmeldenetze von Bun-
deswehr, Bahn oder Elektrizitätsunternehmen blieben unangetastet. Allerdings dürfen
seit 1989 für private Mobil- und Satellitenfunknetze Lizenzen vergeben werden.[111] Für

[107] Vgl. Hift (1996), S. 7.
[108] Vgl. Fehr (1996b), S. 20.
[109] Vgl. Schnöring (1993), S. 1.
[110] Vgl. Roth (1996), S. 16.
[111] Vgl. Berger (1993), S. 81.

alle anderen Telekommunikationsdienste bestehen keine Beschränkungen mehr. Gleiches gilt für die in der Telekommunikation einzusetzenden Endgeräte. Mit dem *Genehmigungskonzept Corporate Network* wird seit 1993 auch das Telefondienstmonopol durchbrochen, das die Vermittlung von Sprache durch alternative Netzbetreiber im Rahmen des Betriebs von Corporate Networks ermöglicht. Hierbei existieren allerdings Einschränkungen.[112]

1995 wurde mit der **Postreform II** die Umwandlung der DBP Telekom in eine Aktiengesellschaft (**Deutsche Telekom AG**) vollzogen. Die neue Rechtsform soll dem Unternehmen größeren Handlungsspielraum geben, den Weg für private Anteilseigner eröffnen und internationale Kooperationen ermöglichen. Im selben Jahr wurde die Telekommunikations-Verleihungsverordnung verabschiedet, nach der in Ausnahmefällen inhaltlich, zeitlich und räumlich begrenzten Telekommunikations-Pilotprojekten mit innovativem Charakter eine Betriebserlaubnis verliehen werden kann.[113] Zum Jahresende wurde der Online-Dienst *T-Online* in eine eigene Gesellschaft ausgegliedert. Für 1996 ist ein Börsengang der Deutschen Telekom AG geplant. Bis 1997 soll das Vergabeverfahren für Netzlizenzen an private Wettbewerber abgeschlossen werden, da zum *1.1.1998* das *Sprachdienst- und Netzmonopol* der Deutschen Telekom AG *aufgehoben* wird.

Noch sind die Fernsprechnetze, Datennetze und Kabelfernsehnetze in Deutschland im wesentlichen in Hand der Deutschen Telekom AG. Das Telekommunikationsnetz für schmalbandige Dienste (Sprache, Text, Daten) ist flächendeckend mit 38 Millionen Anschlüssen verfügbar. Rund zwei Millionen Teilnehmer sind bereits mit ISDN-Anschlüssen ausgestattet.[114] Die Deutsche Telekom AG, die über das dichteste Glasfasernetz der Welt verfügt, spielt eine Schlüsselrolle in vielen multinationalen Telekommunikationsaktivitäten in Europa.[115] Von 1990 bis 1995 wurden rund 130 Milliarden DM in die Infrastruktur investiert. Die Deutsche Telekom AG 1995 wendete allein 1,2 Milliarden DM für die Forschung und Entwicklung (F&E) auf.[116] Schwerpunkt der F&E-Aktivitäten sind Pilotprojekte, die primär technischen Tests dienen und weniger Erkenntnisse über potentielle Akzeptanz der Pilotprojekte bringen. Die Deutsche Telekom AG verfügt über eine starke Personaldecke an Telekommunikationsingenieuren. 1996 werden Projekte zu ATM, Video on Demand, interaktiven Fernsehen, Telemedizin, Telelearning und Teleworking gefördert. Hierbei wird verstärkt auf multimediale Anwen-

---

[112] Vgl. Bayerische Staatsregierung (1995), S. 54 ff.
[113] Vgl. Hoppe/Krüger (1995a), S. 3.
[114] Vgl. BMWi (1995), S. 65.
[115] Vgl. Arnold (1994), S. 83.
[116] Vgl. Kalt (1996a), S. 15.

dungen gesetzt. Das Netzmonopol sichert der Deutschen Telekom AG eine exklusive Stellung, die eine *Hochpreispolitik* ermöglicht. Die *Tarifreform 1996*, die zu einem Abbau der Quersubventionierung zwischen teuren Ferngesprächen und günstigen Ortsgesprächen führen soll, erhöhte die Kosten für die Nutzung von Online-Diensten (Konkurrenten von T-Online) erheblich.[117] Auch die Nutzung von Datenleitungen ist im internationalen Vergleich weiterhin sehr teuer.[118]

4.2.3 Gründe für eine verzögerte Entwicklung von Online-Diensten durch die Telekommunikationsbestimmungen in Deutschland

Das **nationale Monopol der staatlichen Telekommunikationsunternehmen** bildet die bedeutendste Ursache für die verzögerte Entwicklung von multimedialen Online-Diensten. In Deutschland werden *Sprachdienst- und Netzmonopol* nur noch *bis 1998* existieren, doch werden diese Bereiche solange durch *kontra-wettbewerbsagierende Bestimmungen* geregelt. Im Vergleich zu den USA oder Großbritannien liegt Deutschland bei der Anzahl der Mitwettbewerber zur Deutschen Telekom AG noch weit zurück, zumal diese erst seit 1989 und nur in Teilbereichen (Mobilfunk, Satellitenfunk, Datendienste) aktiv werden dürfen. Alternative Netzwerke für öffentliche Telekommunikation dürfen erst ab 1998 aufgebaut und betrieben werden.[119] Aber auch die angebotenen Dienste der Telekom machten sich untereinander lange Zeit nicht gegenseitig Konkurrenz. Hier ist Btx mit Schwerpunkt auf Verteilen von Information statt Datenkommunikation ein markantes Beispiel. Diese Vorgehensweise hat eine *kreativitäts- und innovationshemmende Wirkung* auf private Netzbetreiber, die nur in Ausnahmefällen eigene Festnetze aufbauen dürfen und auf Mietleitungen der Deutschen Telekom AG angewiesen sind. Sie müssen vorerst noch auf das *Leitungsnetz der Telekom* zurückgreifen, wenn sie ihre Dienste öffentlich anbieten möchten.

Mit dem *staatlichen Netzmonopol* soll die Bereitstellung eines grundsätzlich flächendeckenden Netzes an Übertragungswegen sichergestellt werden, wobei das *Telefondienstmonopol* diese Infrastrukturaufgaben finanzieren soll. Doch seit Ankündigung des Börsengangs dominieren finanzielle Interessen die Entscheidungen der Deutschen Telekom AG. Hierbei steht die *Sicherung eigener Besitzstände mit im Vordergrund*. Das Unternehmen möchte seine Marktposition weiter absichern, damit bei der Emission ein möglichst hoher Aktienkurs erzielt werden kann. Die Bundesregierung als derzeitiger

---

[117] Vgl. Schneeberger (1996), S. 10.
[118] Vgl. Schnurpfeil (1994), S. 159.
[119] Ausnahmen werden durch die Telekommunikations-Verleihungsverordnung seit 1995 ermöglicht.

Alleinaktionär verspricht sich hohe finanzielle Einnahmen aus der Aktienemission. So wird von der Deutschen Telekom AG die **Monopolstellung** ausgenutzt, um künftige **Konkurrenten** möglichst lange von den Telefon- und Datendiensten **fernzuhalten**. So sorgte die *Gebührentarifreform 1996* bei sinkenden Kosten im Ferngesprächsbereich nahezu zu einer Verdopplung der Ortstarifgebühren, worunter besonders Online-Dienste zu leiden haben. Vor allem CompuServe klagt über massenhafte Abmeldungen, die durch die Gebührenreform bedingt seien.[120] Im Januar 1996 reichten fünf private Netzbetreiber in Brüssel Klage gegen das Großkundenrabattmodell ein, bei dem die Telekom ihre *marktbeherrschende Stellung mißbräuchlich ausnutzen* soll.[121] Der Deutsche Industrie- und Handelstag (DIHT) warf ihr vor, gleichzeitig zum Großkundenrabattmodell die Monopolpreise für Standleitungen nicht zu senken, wodurch Konkurrenten der Telekom vom Markt verdrängt werden.[122] Private Netzbetreiber bemängeln, daß es ihnen auf Grund des Netzmonopols noch *nicht unbeschränkt erlaubt ist, ausreichend in Netzinfrastruktur zu investieren*, um eine solide Basis für ein langfristig erfolgreiches Geschäft zu schaffen. Erst mit der Aufhebung des Netzmonopols werden die meisten Beschränkungen fallen.

Darüber hinaus ist eine **monopolistische Hochpreispolitik** der Deutschen Telekom AG zu beobachten, die aber stets eine Zustimmung des Bundesministeriums für Post und Telekommunikation (BMPT) benötigt. Der *fehlende Druck durch andere Wettbewerber* führt zu im internationalen Vergleich hohen Telekommunikationsgebühren. Dies gilt für Anschluß-, Grund- und sonstige Telefongebühren, besonders aber für die Benutzung von Glasfaserverbindungen. Wegen *hoher Kommunikationsgebühren* können sich in Deutschland weder Universitäten noch Wirtschaftsunternehmen den aktuellen Stand der Technik (155 oder 622 MBit/s) bei Kommunikationsnetzen leisten.[123] Multimediale Anwendungsprojekte haben unter den hohen Leitungskosten besonders zu leiden, da sie große (und teure) Bandbreiten benötigen. Viele Online-Dienst-Netzbetreiber müssen sich aus finanziellen Gründen beim Netzausbau zuerst nur mit geringen Kapazitäten begnügen. Auch *Internet-Service-Provider* sind *von den hohen Gebühren betroffen*, so daß der Zugang in Deutschland vergleichsmäßig teuer ist.[124] Die Auswirkungen der *Gebührenstrukturreform 1996* unterstreichen eine *monopolistische Gebührenpolitik* der Telekom, durch die die Ausbreitung von Online-Diensten bei Privatkunden weiter verzögert wird.

---

[120] Vgl. Schneeberger (1996), S. 10.
[121] Vgl. Sturbeck/Stüwe (1996) , S. 12.
[122] Vgl. Stüwe (1995), S. 19.
[123] Vgl. Bayer (1994), S. 240.
[124] Vgl. Schnurpfeil (1994), S. 78.

Im Bereich von Online-Diensten und Datennetztechniken leidet die deutsche Telekommunikationsindustrie unter **Nachteilen durch den kleinen nationalen Telekommunikationsmarkt**. Die *Technologieführer* finden sich in den *USA*, wobei deren absoluter Forschungsaufwand auch höher ist. In den USA machen sich Investitionen schneller bezahlt, da der Break-Even-Point eher erreicht wird. Die Deutsche Telekom AG beteiligt sich an vielen Pilotprojekten, um den Anschluß an die technologische Entwicklung nicht zu verpassen. Trotzdem ist die deutsche Infrastruktur größtenteils noch nicht für voluminöse Multimediaanwendungen ausgelegt. Bisher sind lediglich *einzelne Glasfaserhochgeschwindigkeitsstrecken* realisiert. ATM, Grundlage für Hochgeschwindigkeitsdatennetze in den USA, wird in Deutschland erst ab 1997 auf öffentlichen Strecken eingesetzt werden.[125] Die Monopolbestimmungen sind für private Anbieter eine weitere Barriere bei der Entwicklung von Rechnernetzen. Pilotprojekte werden in Deutschland überwiegend durch die DBP Telekom und ihre Tochtergesellschaften durchgeführt. Aber häufig weisen Techniken anderer Unternehmen bessere Erfolgschancen auf. Daher greifen die Deutsche Telekom AG und andere Online-Dienst-Anbieter auf ausländische Fremdentwicklungen wie das TCP/IP-Protokoll zurück, um im weltweiten Wettbewerb langfristig bestehen zu können. Europaweit existiert derzeit noch eine *inhomogene Telekommunikationsinfrastruktur*, die aus der Ausrichtung der staatlichen Telekommunikationsgesellschaften auf das jeweilige nationale Versorgungsgebiet resultiert. Problematisch wird dies bei internationalen Telekommunikationsverbindungen, da dann *für einen Grenzübertritt* von dem jeweiligen PTT-Monopolunternehmen *überteuerte Preise* verlangt werden.

Ferner behindern **strenge Telekommunikationsvorschriften** die weite Verbreitung von Online-Diensten. Bis 1986 war der Anschluß von Fremd-Modems illegal. Seitdem ist für alle anzuschliessenden Modems eine Zulassung durch das Postministeriums erforderlich, damit das Telekommunikationsnetz nicht durch Fremdgeräte beschädigt wird. Erst seit 1989 dürfen Endgeräte mit Zulassungsgenehmigung frei verkauft werden. Konsequenz war eine sehr eingeschränkte Geräteauswahl zugunsten eines qualitativ hochwertigen Netzes, womit jedoch eine weite Verbreitung der Modems verhindert wurde.

Schließlich sind die Betreiber von Online-Diensten den *strengen Bestimmungen des Fernmeldeanlagengesetzes* unterworfen. So müssen auch Betreiber von Internet-Servern als Anbieter von Telekommunikationsdienstleistungen ihre Anlage dem BMPT anzeigen. Für einige Dienstleistungen wie Live-Radio-Broadcast oder Live-TV im Internet sind *Rundfunk-Zulassungen notwendig*, da sie dem Rundfunkbegriff unter-

---

[125] Vgl. Moritz (1996), S. 294.

liegen. Gewisse *Dienstleistungen* sind *in Deutschland sogar verboten*, da sie im Widerspruch zu gültigen Gesetzen und Verordnungen stehen. So unterliegt Internet Phone, die Übermittlung von Sprache in Echtzeit über das Internet, in Deutschland dem Telefondienstmonopol, das ausschließlich der Telekom übertragen wurde. Im Internet existieren auch rund 50 Newsgroups mit einem für Deutschland verbotenen Inhalt: Harte Pornographie, kriminelle oder rechtsradikale Inhalte.[126]

4.2.4 Liberalisierung des deutschen Telekommunikationsmarktes

Im Februar 1996 lag das neue Telekommunikationsgesetz (TKG) dem Deutschen Bundestag zur ersten Lesung vor. Der Übergang vom Telefonmonopol zum Wettbewerb wird von Regierung und SPD-Opposition begrüßt. Damit wird das Sprachdienst- und Netzmonopol der Deutschen Telekom AG vermutlich zum Jahresbeginn 1998 aufgehoben. Im Rahmen der Liberalisierung bilden sich bereits seit 1995 private Telekommunikationsunternehmen großer nationaler und internationaler Konzerne heraus, die ab 1998 als *direkte Konkurrenten* zur Deutschen Telekom AG auftreten möchten (Abbildung 5).[127]

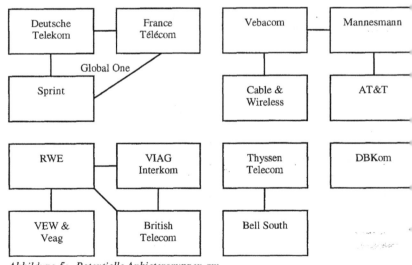

Abbildung 5: Potentielle Anbietergruppen am
Deutschen Telekommunikationsmarkt ab 1998
In Anlehnung an: Kalt (1996), S. 16. (Stand: März 1996)

---

[126] Vgl. Fey/Hüskes/Kossel (1995), S. 142.
[127] Vgl. Kalt (1996b), S. 16.

Der Druck von Politik und Öffentlichkeit sowie der künftige Wettbewerb wird die Telekom in den kommenden Jahren zu weiteren Preissenkungen zwingen. Daher möchte sie die Digitalisierung des Telefonnetzes und den Aufbau einer Glasfaserinfrastruktur für hohe Bandbreiten auf Basis von ATM weiter fortführen. Die Fernsehkabelnetze sollen auf die Nutzung des interaktiven Fernsehens vorbereitet werden.[128] Mit internationalen Allianzen und Kooperationen (France Télécom, Sprint, Microsoft, Bertelsmann) will die Deutsche Telekom AG ihre starke Position in Deutschland und Europa für die neue Konkurrenzsituation festigen.

4.3   Förderungsmaßnahmen für Online-Dienste durch den Staat

Staatlicher Einfluß prägt in vielen Ländern den nationalen Telekommunikationsmarkt, wodurch auch Aktivitäten der Online-Dienste beeinträchtigt werden. Parallel dazu existieren diverse Förderungsmaßnahmen auf nationaler und supranationaler Ebene, von denen Online-Dienste profitieren können. Die *stimulierende Wirkung* solcher Maßnahmen soll bei der Modernisierung der Volkswirtschaft eines Landes helfen (Wachstum, Beschäftigung). Staatliche Aktivitäten können aber auch eine *regulierende Wirkung* haben. Diese Eingriffe in kontrollbedürftigen Bereichen erfolgen im Rahmen der Wettbewerbs-, Konjunktur- oder Beschäftigungspolitik der Regierung. Andere Maßnahmen haben eine *komplettierende Wirkung* zur Folge, die in ergänzungsbedürftigen Bereichen eines Landes für eine Angleichung der Lebensverhältnisse sorgen soll. Gegenwärtig treiben viele Länder, vor allem die USA, den Aufbau von Infobahnen mit großen finanziellen und politischen Anstrengungen voran.

4.3.1   Staatliche Fördermaßnahmen in den USA

Am Beispiel der Entstehung des Internet wird die hohe Bedeutung der staatlichen Fördermaßnahmen sichtbar, mit denen in den USA die Forschung und Entwicklung neuer Technologien unterstützt wird. Die USA disponieren über das **größte staatliche F&E-Budget der Welt.** 1994 betrug es 76 Milliarden US-Dollar. Dieses Budget machte knapp die Hälfte des weltweiten Forschungsbudgets aus. Zur Zeit des Kalten Krieges wurden militärische Forschungsprogramme (Schwerpunkte: Raumfahrt, Computer, Kommunikation und Elektronik) bewußt gefördert. Ende der Achtziger Jahre lag der militärische Anteil am F&E-Budget der USA über 70 Prozent.[129]

---

[128] Vgl. Wolfram (1996), S. 99 f.
[129] Vgl. Chapman (1994), S. 31 ff.

So unterstützte die US-Regierung das **Internet** durch die *Vergabe von Forschungsmitteln* (zur Netzwerk-F&E, Netzwerk-Administration sowie Netzwerk-Gateways) und den *Aufbau von Rechnernetzen* (wie ARPANet, MILNet, CSNET, ESnet, NSInet, NSFnet oder weitere regionale Netze). Dazu wurden *Netzkomponenten* für staatliche Einrichtungen *gekauft, gemietet oder geleast* sowie anfänglich Teile des Netzmanagements übernommen. Das US-Verteidigungsministerium legte 1983 mit TCP/IP den Standard bei der Nutzung von Rechnernetzen fest. Zusätzlich regten die Maßnahmen der US-Regierung eine Initiative zu Firmenneugründungen an. Aus einigen staatlich geförderten Forschungseinrichtungen entwickelten sich heutige Internet-Unternehmen wie UUNet Technologies, PSI oder Netscape.[130]

Unter der Regierung Clinton/Gore kam es im Januar 1993 zu einem Wechsel der Forschungspolitik. Eine *stärkere zivilere Forschungsunterstützung* wird durch die Umverlagerung von 8 Milliarden US-Dollar Forschungsmittel von militärischer zu kommerzieller F&E unterstrichen.[131] Die USA *dominieren* durch hohe F&E-Investitionen der Industrie und staatliche Förderung *wichtige Wachstumssektoren* der Weltwirtschaft: Telekommunikation, Mikroelektronik, Computer-Netzwerke, Software-Systeme und Software-Anwendungen. 1995 zog sich die US-Regierung mit der Schließung der NSF-Backbones als Hauptgeldgeber aus der Internet-Finanzierung zurück. Die **High Performance Computer and Communications Initiative (HPCC)** hat die Förderung von Rechnernetzen übernommen, wobei das Budget seit dem FY1995 jährlich 1 Milliarde US Dollar überschreitet. Die Bundesregierung bleibt dennoch weiterhin *wichtigster Sponsor für Netzwerk-F&E*. Allerdings verlagert sie ihren Arbeitsbereich mehr auf die *Unterstützung der internationalen Zusammenarbeit* und *Anregung zu Weiterentwicklungen*.[132]

Im September 1993 wurde von der Regierung Clinton/Gore ein Konzept zu einer **National Information Infrastructure (NII)** öffentlich vorgestellt.[133] Diese Initiative soll Industrie und Staat zum gemeinsamen *Aufbau einer flächendeckenden nationalen Breitband-Informationsstruktur* anregen. Im Rahmen dieser Initiative möchte die US-Bundesregierung bis 1997 Mittel von rund 1150 Millionen US-Dollar zur Förderung von elektronischen Bibliotheken, Telelearning, Telemedizin und Teleworking zur Verfügung stellen. Die Regierung erwartet durch diese Investitionen die Schaffung von 300.000 neuen Arbeitsplätzen, was zu einem Anstieg des Bruttosozialproduktes um 300

[130] Vgl. Kahn (1994), S. 16 f.
[131] Vgl. Chapman (1994), S. 33.
[132] Vgl. Kahn (1994), S. 19.
[133] Vgl. U.S. Department of Commerce (1993), S. 1 ff.

Milliarden US-Dollar führen soll.[134] Im Rahmen der internationalen Zusammenarbeit bereitete Vizepräsident Al Gore die Diskussion über eine **Global Information Infrastructure (GII)** beim G7-Gipeltreffen in Brüssel im Februar 1995 vor. Daneben strebt die US-Bundesregierung eine enge *Zusammenarbeit* mit Wirtschaft, Forschung, Hochschulen, Öffentlichkeit, Kongreß, US-Bundesstaats- und Kommunalparlamenten an, die in staatlich geförderten Projekten münden kann. Bisher sind viele und breit gefächerte Projekte entstanden, die eine starke Anwendungsorientierung verzeichnen. Sie entwikkelten sich aus unterschiedlichen, vorhandenen Ansätzen und bieten zukünftigen Projekten einen breiten Experimentierfreiraum.[135]

4.3.2 Deutsche und europäische Förderprogramme

In Singapur wurde 1992 mit dem "Information Technology 2000"-Plan die erste bedeutende Initiative zur Informationsgesellschaft in Angriff genommen. Bis zum G7-Treffen im Februar 1995 wurden in den wichtigsten Industriestaaten (USA, Japan, Kanada, Großbritannien, Skandinavien, Benelux, Frankreich) ähnliche Initiativen ins Leben gerufen. Lediglich in Deutschland blieb eine Initiative der Regierung bis zum Treffen in Brüssel aus.

Auf **europäischer Ebene** wird seit den Achtziger Jahren der *Aufbau von transeuropäischen F&E-Netze* (EUnet, EARN-Projekt, IXI/EuropaNET, EBONE-Initiative) finanziell gefördert. Diese Anstrengungen werden durch die europäischen Forschungsprogramme RACE, ESPRIT und IMPACT unterstützt. 1986 wurde RARE zur *europaweiten Koordinierung* der Aktivitäten zum Aufbau einer paneuropäischen Hochgeschwindigkeitsinfrastruktur gegründet, die 1994 nach einem Zusammenschluß mit EARN in TERENA übergegangen ist.[136]

Im *Weißbuch "Wachstum, Wettbewerbsfähigkeit, Beschäftigung"* vom Dezember 1993 hat die **Europäische Union** Möglichkeiten im Informationsbereich untersucht und die Notwendigkeit von transeuropäischen Datennetzen hervorgehoben. Sie würden ein Potential für die Steigerung der Wettbewerbsfähigkeit, Erschließung neuer Märkte und Schaffung neuer Arbeitsplätze bieten. Eine *Gruppe hochrangiger Experten unter Vorsitz von Martin Bangemann* vertiefte die Analyse und schlug konkrete Umsetzungsmaßnahmen vor.[137] Im Juli 1994 wurde ein darauf basierender *Aktionsplan der Euro-*

---

[134] Vgl. Bayerische Staatsregierung (1995), S. 18.
[135] Vgl. Kubicek [u.a.] (1995) K. 1.2.2.
[136] Vgl. Arnold (1994), S. 77 f.
[137] Vgl. Bangemann [u.a.] (1994), S. 1 ff.

päischen Kommission vorgelegt, nachdem die Schaffung der Informationsgesellschaft in Europa dem Privatsektor und den Marktkräften überlassen werden muß. Lediglich makroökonomische Rahmenbedingungen (Liberalisierung, Datenschutz, Wettbewerbsregeln u.a.) sollen durch die Mitgliedsstaaten bzw. durch die EU gesetzt werden. *Zehn Pilotprojekte* sollen die zögerliche Entwicklung von Nachfrage und Angebot beschleunigen. Mit dem *Vierten Rahmenprogramm für Forschung und technologische Entwicklung* (1994-98) stellt die EU insgesamt 3,384 Milliarden ECU für Informations- und Kommunikationstechnologien zur Verfügung. In den vergangenen Jahren sind jährlich etwa 340-400 Millionen DM aus EU-Beständen in die Bundesrepublik geflossen.[138]

In der **deutschen Öffentlichkeit** spielten die Begriffe Infobahn und Multimedia bis 1994 keine wesentliche Rolle. Nachdem im Dezember 1994 der Landtag von *Baden-Württemberg* eine *Enquete-Kommission Multimedia* einsetzte, begannen Bund und Länder verstärkt mit Aktivitäten. Beim *G7-Treffen* im Februar 1995 in Brüssel fanden Strategieberatungen mit deutscher Beteiligung über den globalen Weg zur Informationsgesellschaft statt. Dabei sind die *Leitlinien* für die *Global Information Infrastructure* festgelegt worden. *Elf Pilotprojekte* wurden eingerichtet, wobei die EU bei vier und die Bundesrepublik bei drei Projekten die Koordination übernahm. Bund und Länder gründeten im März 1995 eine *Arbeitsgruppe Multimedia*, die wegen Kompetenzgerangel über Multimediadienste (Auslegung des Rundfunkbegriffs) bisher wenig Erfolge vorweisen kann. Der im Februar 1995 von Bundeskanzler Kohl berufene *Technologierat der Bundesregierung* legte im Dezember 1995 einen Abschlußbericht mit 41 Empfehlungen zur Informationsgesellschaft vor. Im gleichen Monat begann das Bundesministerium für Wirtschaft (BMWi) mit einer *ersten großen Öffentlichkeitskampagne*. Im Januar 1996 konstituierte sich eine *Enquete-Kommission des Bundestags* zur Informationsgesellschaft. Die Bundesregierung stellte im Februar 1996 ihr Programm zur Initiative "Info 2000 - Deutschlands Weg in die Informationsgesellschaft" vor, in dem die Bundesregierung weitere Aktionen festlegt.[139]

Deutschland verfügt über eine *Vielfalt von Pilotprojekten* zu Multimedia und Infobahnen: Pilotprojekte zu Video on Demand und interaktivem Fernsehen, Multimedia-Projekte, Landesdatennetze und Forschungsnetze. Viele dieser Projekte werden zum Teil aus Bundes- und Landesmitteln gefördert. Unter den Ländern haben *Nordrhein-Westfalen* und *Bayern* durch die Landesprogramme *(Media NRW bzw. Bayern Online)* bei den Pilotprojekten eine bundesweite Vorreiterrolle eingenommen. Die Deutsche Telekom AG, 1995 noch zu 100 Prozent in Besitz des Bundes, ist an einer Vielzahl von

---

[138] Vgl. BMWi (1996), S. 76.
[139] Vgl. BMWi (1996), S. 1 ff.

Pilotprojekten des Bundes und der Länder zu Telemedizin, Teleworking und Telelearning beteiligt.

Das *Bundesministerium für Forschung und Technologie (BMFT)* bzw. *Bundesministerium für Bildung, Wissenschaft, Forschung und Technologie (BMBF)* finanziert zusammen mit den Bundesländern seit 1984 den Verein zur Förderung eines *Deutschen Forschungsnetzes e.V. (DFN-Verein)* über Projektfördermittel, der für das *WiN* (Deutsches Wissenschaftsnetz) verantwortlich ist. Seit 1995 erhält der DFN-Verein rund 80 Millionen DM für den Aufbau von Hochgeschwindigkeitsstrecken im Rahmen des WiN, das sogenannte B-WiN. Den Hochschulen werden zusätzlich Bundes- und Landesmittel für die Nutzung des WiN zur Verfügung gestellt, das sich aus Nutzungsentgelten finanziert. Das *Bundesministerium für Post und Telekommunikation (BMPT)* erteilte in diesem Zusammenhang 1995 dem DFN-Verein eine Sondergenehmigung zum Aufbau und Betrieb eigener Hochgeschwindigkeitsstrecken.[140] Das BMPT vertritt außerdem deutsche Interessen in nationalen und internationalen sowie in Standardisierungs-Gremien. Es bereitet auch die weitere Liberalisierung des deutschen Telekommunikationsmarktes vor. Daneben überwacht es auch die Tarifgestaltung der Deutschen Telekom AG.[141]

4.3.3 Ursachen für eine verzögerte Entwicklung von Online-Diensten in Deutschland durch staatliche Aktivitäten

Eine Ursache der verzögerten Entwicklung von Online-Diensten ist zunächst in den **Rahmenbedingungen deutscher Politik** zu finden. Deutschen Politikern *fehlte lange Zeit* die *Kompetenz* im Bereich der modernen Informationstechnologie. Stattdessen beherrschten *ideologische Argumente* die Diskussion, ohne daß große Initiativen ergriffen wurden. Somit prägte eine *zu geringe Aktivität der Bundesregierung* das Handeln in den Themengebieten Multimedia und Infobahn. *Auf nationaler Ebene fehlt bis zum Frühjahr 1996 eine genau überlegte, politische Strategie*, wie sie die USA seit 1993 mit der NII-Initiative verfolgt. Die *Initiative der Europäischen Kommission* besitzt bis heute in der deutschen Öffentlichkeit *keine große Bedeutung*. Stattdessen verlagerten sich die Aktivitäten auf Länderebene (z.B. Bayern) oder auf die Wirtschaft (z.B. Deutsche Telekom AG). 1995 kam es zum *Konflikt zwischen Bund und Ländern über die Zuständigkeit* bei den neuen Diensten. Die Länder betrachten Multimediadienste als rundfunk-

---

[140] Vgl. Hoppe/Krüger (1995b), S. 7.
[141] Vgl. Hoppe/Krüger (1995c), S. 2.

ähnliche Dienste,[142] während der Bund sie zur Individualkommunikation rechnet. Aus dieser Kategorisierung leitet sich die politische Zuständigkeit ab, mit der Bund wie Länder entscheidenen Einfluß auf Neuentwicklungen haben können.[143]

Dieser Konflikt weist zweitens auf die noch **unklare und komplexe Rechtslage** *für Service Provider* in Deutschland hin. Weitere Verzögerungen entstehen durch *umfassende oder unsichere Veränderungen der gesetzlichen Rahmenbedingungen* in den Bereichen Infobahn und Multimedia, die gegenwärtig von verschiedenen Bundesministerien vorbereitet werden.[144] Zusätzliche Verwirrung bringen *international nicht abgestimmte Rechtsgebiete* mit sich: Urheberrecht, Handelsrecht, Datenschutzrecht, Medienrecht und Strafrecht. Es besteht bspw. Unklarheit darüber, wessen rechtliche Regelungen bei Online-Transaktionen gelten.[145] Durch fehlende homogene rechtliche Rahmenbedingungen existieren viele Rechtsfallen. Diese Unsicherheit schreckt besonders potentielle Internet-Service-Provider ab, die *unbeabsichtigt Gefahr laufen, gegen Gesetze zu verstoßen*. Service Provider sollten deswegen über ausreichende finanzielle Rücklagen verfügen, um sich die Inanspruchnahme von qualifizierten Rechtsanwälten leisten zu können. Die rechtliche Problematik verschärft sich weiter durch eine *unklare Rechtsauslegung* deutscher Staatsanwaltschaften. Die Frage, ob Netzbetreiber für die Nachrichteninhalte Dritter verantwortlich sind, ist noch nicht geklärt. Gegenwärtig laufen Verfahren gegen die Online-Dienste CompuServe und T-Online wegen Verdachts auf Beihilfe bei der Verbreitung von kinderpornographischen Schriften bzw. völkerverhetzender Texte über das Internet. Diese sind durch Newsgroups oder das WWW Online-Nutzern zugänglich gewesen.[146]

Drittens haben auch bestimmte *staatliche Verordnungen und Gesetze* bremsende Wirkungen für deutsche Online-Dienste. Mit ihren **wirtschaftspolitischen Aktivitäten** möchte die **Bundesregierung** u.a. der deutschen Wirtschaft helfen, Barrieren aus dem Weg zu räumen. Dennoch haben die Online-Dienste unter den *existierenden Monopolen der Deutschen Telekom* zu leiden. Deutsche Politiker müssen nämlich *Rücksicht auf die Interessen des Staates* nehmen, der sich aus dem Börsengang der Deutschen Telekom AG ab 1996 hohe Einnahmen verspricht, die durch eine vorzeitige Liberalisierung nicht geschmälert werden sollen. Außerdem liegen wichtige *wirtschaftspolitische Förder-*

---

[142] Im März 1996 wurde unter Federführung Bayerns ein Staatsvertragsentwurf der Länder für Mediendienste präsentiert (Multimedia-Staatsvertrag).
[143] Vgl. Weber (1995a), S. 24.
[144] Im Anhang A befindet sich eine Übersicht über die Maßnahmen der deutschen Bundesministerien im Rahmen der Initiative "Deutschlands Weg in die Informationsgesellschaft".
[145] Dies kann vom Standort des Servers, des Anwenders oder der Daten abhängig sein.
[146] Vgl. Kossel/Möcke (1996), S. 14 ff.

schwerpunkte der Bundesregierung *in absterbenden Wirtschaftszweigen* wie Landwirtschaft, Bergbau und Schiffsbau. Das Bundeswirtschaftsministerium (BMWi) übernahm erst im Dezember 1995 mit seinem Report zur Informationsgesellschaft eine aktive Rolle in der Diskussion um Multimedia und Infobahn.

Viertens existieren in Deutschland *schwierige Rahmenbedingungen für Firmenneugründungen.* Banken vergeben Kredite an Existenzgründer nur, wenn bereits beleihbare Aktiva vorhanden sind. Im Hard- und Softwarebereich sind aber hohe Anfangsinvestitionen nötig, zu denen in Deutschland hohe Löhne und Unternehmenssteuern hinzukommen. So führt der *Mangel* an von Banken und Versicherungen zur Verfügung gestelltem *Venture-Capital* (Risiko-Kapital) zu wenig Neugründungen im Provider-Bereich. In den USA steht ein größeres Potential an Venture Capital in Höhe von etwa 10-20 Milliarden US-Dollar jährlich bereit.[147] Auch lockt in den USA die Aussicht auf einen Absatzmarkt mit ausreichender Nachfrage zur Realisierung von Unternehmensgewinnen, während Online-Dienste in Europa wegen der *sprachlichen und wirtschaftlichen Spaltung* des Marktes lange Zeit nicht lukrativ waren.

Fünftens hat die **weltweit angespannte Wirtschaftslage** seit Beginn der Neunziger Jahre auch Auswirkungen auf Deutschland. Der *zunehmende Wettbewerb*, entstanden durch die Globalisierung der Märkte sowie nationale Liberalisierungsbestrebungen, die *Lasten der deutschen Wiedervereinigung* und die *Auswirkungen der wirtschaftlichen Rezession* sorgen für eine **angespannte Finanzlage bei Bund, Ländern und Gemeinden.** *Sparprogramme* zwingen den Staat zur Senkung der Ausgaben in nahezu allen Bereichen.

Darunter haben auch die **forschungspolitischen Aktivitäten des Bundes** zu leiden. So *sanken* 1994 die *Wissenschaftsausgaben des Bundes* im Bereich der Informationstechnik um 50 Millionen DM. Die Gesamtfördersumme des Bundes für Informationstechnik lag 1994 bei 1.002 Millionen DM.[148] Bei den Gesamtaufwendungen für F&E im Bereich der Informationstechnik in Höhe von 13 Milliarden DM machen die Förderungen von Bund und Ländern (1,7 Milliarden DM) 13 Prozent aus.[149] Allerdings sank der Anteil an Forschungsausgaben am Bundeshaushalt von 4,7 Prozent (1982) bis 1994 auf 3,5 Prozent.[150] Die *USA* dagegen *verfügt* über ein größeres Steueraufkommen als Deutschland, so daß folglich auch *größere staatliche Mittel für F&E in der Informationstechnik* zur Verfügung stehen. Die Forschungsschwerpunkte für Datennetze kon-

---

[147] Vgl. Fehr (1996a), S. 11.
[148] Vgl. Institut der Deutschen Wirtschaft Köln (1995), Tabelle 110.
[149] Vgl. BMWi (1996), S. 66.
[150] Vgl. Stüwe (1996b), S. 16.

zentrieren sich daher in den USA. So wurde auch keine Basistechnik für den Betrieb von Online-Diensten zuerst in Deutschland entwickelt. Dies resultiert aber nicht nur aus den geringeren staatlichen Forschungsmitteln. Deutschland ist als Markt für private Investoren *nicht attraktiv genug*, um hohe Investitionen in die F&E für einen Online-Dienst zu rechtfertigen. Zudem schreckten die hohen Anfangsverluste des Btx auf lange Zeit weitere Investoren ab.

Bei der Bewilligung von Forschungsprojekten existieren vielfältige Hindernisse. Ein *Bewilligungsstau in der öffentlichen Verwaltung* behindert die frühzeitige Vergabe von Fördermitteln. Dieser kann auf hohen Verwaltungsaufwand, verschleppende Prozesse und mangelnde Absprache in den Behörden zurückgeführt werden. Bei der Projektauswahl wurden die *Forschungsschwerpunkte*, die auf der technischen Erprobung liegen, *nicht immer gut* gewählt. 1995 hatten die Pilotprojekte zu Video on Demand und interaktivem Fernsehen schwere Probleme , weil sich die gesetzten Erwartungen auf Grund zu hoher Kosten nicht zu erfüllen scheinen. In den Achtziger Jahren konzentrierte sich ein großer Teil der Förderung auf wenige Großprojekte (Btx, Kabelfernsehen, ISDN), was der Lobbyarbeit der Industrieverbände, großer Hersteller und Gewerkschaften zu verdanken ist. Der somit *geringe Anteil an Anwendungsprojekten* gibt der Bevölkerung wenig Gelegenheit zur Aneignung und Anwendung neuer Informations- und Kommunikationstechnologien.[151]

Dadurch *mangelt* es in *der Bevölkerung an Wissen* über die Möglichkeiten dieser neuer Techniken. Dies ist aber auch durch eine **unzureichende Öffentlichkeitsarbeit der Bundesregierung** bedingt. Bis 1995 *fehlte in der deutschen Öffentlichkeit eine adäquate öffentliche Debatte* über die Informationsgesellschaft. Nur die Deutsche Telekom AG griff in Anzeigen und Werbespots auf die Vision der Datenautobahn zurück die primär eigenen wirtschaftlichen Interessen dient. Mit einem Report zur Informationsgesellschaft versucht das BMWi Versäumtes nachzuholen. Dennoch wurde bis 1996 auf bundespolitischer Ebene ein *Aufbruchssignal vermißt*, das mit der NII-Agenda for Action in den USA vergleichbar wäre. Nur in Bayern rief Ministerpräsident Stoiber im Juli 1994 in seiner Regierungserklärung zu einer Landes-Initiative "Bayern Online" auf, mit der der Einsatz moderner Telekommunikationsmethoden *in Bayern* beschleunigt werden soll.

---

[151] Vgl. Kubicek [u.a.] (1995), S. 17 f.

4.3.4 Entwicklungstendenzen bei staatlichen Maßnahmen

Inzwischen haben weitere deutsche Politiker die Notwendigkeit erkannt, bestehende Hindernisse beim Betrieb und der Nutzung von Online-Diensten zu beseitigen. Dazu kündigte die Bundesregierung im Rahmen ihrer Initiative "Info 2000" ein *Multimediagesetz* an, in dem für eine begriffliche Klarstellung und eine Einordnung von Multimediadiensten gesorgt werden soll. Gleichzeitig sollen Medienrecht, Handelsrecht, Datenschutzrecht, Urheberrecht, Arbeitsrecht sowie Verbraucher- und Jugendschutz auf einen Änderungsbedarf im Blick auf die Anforderungen der Informationsgesellschaft überprüft werden.[152] Auf internationaler Ebene streben deutsche und französische Politiker die Schaffung eines *international gültigen Rahmenwerks* für Datennetze wie das Internet an, das in einem internationalen Abkommen ähnlich dem Seerecht münden soll.[153] Parallel dazu wird an *Gesetzesinitiativen* zur Bekämpfung von Kriminalität in Datennetzen (wie Kinderpornographie) gearbeitet.[154] Das Bundesinnenministerium arbeitet in diesem Zusammenhang an einem Gesetzesentwurf, um elektronische Verschlüsselungsverfahren zu verbieten, die nur der Empfänger entschlüsseln kann.[155]

Die *Forschungsförderprogramme des BMBF* zur Informationstechnik werden in den kommenden Jahren weiterhin mit rund einer Milliarde DM jährlich erhalten bleiben. Davon sollen rund 700 Millionen DM in die Projektförderung fließen. Die Unterstützung von Forschungsinstitutionen soll enger an den Bedarf der Wirtschaft gekoppelt werden. Ein Programm "Beteiligungskapital für kleine Technologieunternehmen" soll bis zum Jahr 2000 rund 900 Millionen DM Beteiligungskapital zur Verfügung stellen. Weitere Vorschläge zur Verbesserung des Zugangs für Existenzgründer und mittelständische Unternehmen zu Risikokapital sind in Vorbereitung.[156] Im Februar 1996 verkündeten BMWi und BMBF, daß sie ein "*Forum Info 2000*" ins Leben rufen wollen, das dem Dialog mit den gesellschaftlichen Gruppen zur Informationsgesellschaft dienen soll. Darüber hinaus möchte das BMBF eine Bildungsinitative "Schulen ans Netz" starten.[157]

---

[152] Vgl. BMWi (1996), S. 41 ff.
[153] Vgl. Associated Press (1996), S. 15.
[154] Vgl. Stock (1996), S. 4.
[155] Vgl. Schmitz (1996), S. 28.
[156] Vgl. BMWi (1996), S. 42
[157] Vgl. Stüwe (1996a), S. 5.

5 Angebote in Online-Diensten und deren Nutzung

Wichtige Faktoren für Verzögerungen bei der Akzeptanz von Online-Diensten finden sich bei Angeboten in Online-Diensten und bei ihrer Nutzung wieder. Diese Bereiche werden im folgenden Kapitel genauer analysiert. Dabei wird jedem Themengebiet eine kurze Einführung vorangestellt, in der die Möglichkeiten des Einsatzes multimedialer Online-Dienste aufgezeigt wird. Dadurch soll eine Beurteilung der aktuellen Entwicklung wesentlich erleichtert werden.

5.1 Einsatz in der öffentlichen Verwaltung

Nach den direkten staatlichen Fördermaßnahmen schließt sich die Betrachtung des Einsatzes von multimedialen Online-Diensten in der öffentlichen Verwaltung an. In diesem Kapitel werden neben der Verwaltung auf Bundes-, Landes- und Kommunalebene auch die damit eng verbundenen Bereiche Bildungs- und Gesundheitswesen betrachtet.

5.1.1 Einsatzpotentiale in der öffentlichen Verwaltung

Online-Dienste können von der öffentlichen Verwaltung in vielen Bereichen angeboten bzw. genutzt werden. Da sich die technische Entwicklung noch in der Anfangsphase befindet, dominieren zur Zeit Anwendungen zur *Öffentlichkeitsarbeit*, die leicht zu erstellen und bedienen sind. Dazu zählen allgemeine Auskünfte oder detaillierte Informationen ebenso wie der Abruf von Gesetzen und Verordnungen. So können die Kosten für die allgemeine Informationsverteilung reduziert werden. Einige Parlamentarier nutzen bereits Online-Dienste für ihre Public Relations-Aktivitäten. Interessierte Bürger können ihnen auch auf diesem Wege Anfragen, Beschwerden und Mitteilungen zukommen lassen. Es ist auch möglich, daß Diskussionsforen für eine öffentliche Debatte eingerichtet werden. Sehr verbreitet ist die Nutzung von Online-Diensten zu Zwecken der Wirtschafts-, Tourismus- und Innovationsförderung. Desweiteren wird an Projekten zur *qualitativen Verbesserung des Leistungsangebots und Amtsvollzugs* gearbeitet: Effizientere Kommunikation über Electronic Mail oder Bereitstellung und Annahme von Antragsformularen. Dadurch kann die Durchführung von Amtshandlungen beschleunigt werden. Mitarbeiter werden von Routinetätigkeiten entlastet und können sich mehr auf eine qualifizierte Beratung des Bürgers konzentrieren. Die Bürger wiederum wären in der Lage, Informationen schnell und bequem zu erhalten. Erste Pilotprojekte zur Tele-administration befinden sich in der Erprobungsphase.[158]

Im Bildungswesen bieten Online-Dienste eine neue *Kommunikationsplattform für Forschung und Lehre*. Die *Telelearning-Projekte* weisen in die Richtung neuer Entwicklungen im Bereich Aus- und Fortbildung. Durch weltweite Datennetze werden Bibliotheken verschiedenster Universitäten weltweit abrufbar. Aber auch Mitteilungen, Informationen und Veröffentlichungen können schnell verbreitet werden. Durch die Aufbereitung von Forschungsergebnissen, Dissertationen oder Diplomarbeiten zu multimedialen Dokumenten, die weltweit über das Internet abrufbar sind, kann der internationale Wissensaustausch beschleunigt und schneller neue Ergebnisse erzielt werden. Davon profitiert in besonderem Maße das Gesundheitswesen, da gerade durch medizinische Fortschritte die Versorgung der Bevölkerung verbessert wird. Durch spezielle *Telemedizin-Projekte* (wie den Telekonsiliardienst) kann in medizinisch unterversorgten Regionen das Gesundheitswesen verbessert werden. Online-Dienste können auch helfen, den *Informationsfluß* zur Verwaltung und Abrechnung zwischen Krankenhäusern, niedergelassenen Ärzten, Apothekern und Sozialversicherungsträgern *zu verbessern*. Durch diese Maßnahmen können die Kosten im Gesundheitswesen langfristig reduziert werden.[159]

5.1.2 Entwicklungsstand in den USA

Sehr viele US-Bundeseinrichtungen wurden in die Aktivitäten zur *National Information Infrastructure (NII)* eingebunden. Ziel dieser Initiative ist es, alle Regierungsinstitutionen, Schulen, Universitäten, öffentliche Verwaltung und private Wirtschaft mit Hochgeschwindigkeitsnetzen zu überziehen. Dazu wurden 1150 Millionen US-Dollar für die Jahre 1993-97 (FY) bereitgestellt. Vize-Präsident Al Gore nannte die Vernetzung aller Hospitäler, Schulen und Bibliotheken bis zum Jahr 2000 als ehrgeiziges Ziel.[160] Computerhersteller und Softwareanbieter helfen der Regierung bei ihrer Initiative durch Spenden. So stattete Microsoft im Staat Washington alle Schulen mit PCs und seinem neuen Programm kostenlos aus. Nach einer Untersuchung der Hanigan Consulting Group verfügen mittlerweile 98 Prozent aller Undergraduates in den USA über einen Internet-Zugang, von denen 71 Prozent ihn nur für E-Mail benutzen.[161]

---

[158] Vgl. Müller-Scholz (1995), S. 217 ff.
[159] Vgl. U.S. Department of Commerce (1994b), K. II.
[160] Vgl. NIST (1994), S. 57.
[161] Vgl. Wiggins (1995b), S. 44.

Bei der *Öffentlichkeitsarbeit* nimmt das lange staatlich geförderte Internet eine immer wichtigere Rolle ein. Dies gilt für Verwaltungsstellen auf Federal-, States- und County-Ebene. Waren 1989 erst 48 Bundes-Agencies im Internet präsent, so ist die Zahl bis 1994 auf über 200 Agencies angestiegen.[162] So verfügen das Weiße Haus, der Kongreß und die US-Bundesministerien über eigene WWW-Server. Jeder Abgeordnete oder Senator ist an das E-Mail-System des Kongresses angebunden. Bundesinformationen können aus speziellen Datenbanken (wie dem Economic Bulletin Board, Commerce Business Daily oder Federal Register) abgerufen werden. Der Supreme Court stellt seine Urteile noch am Tag der Veröffentlichung zum Lesen zur Verfügung. 1995 waren bereits 46 von 50 Bundesstaaten mit offiziellen Informationsseiten im Internet präsent.[163] Auf kommunaler Ebene existieren eine Vielzahl von Projekten. So können bspw. lokale Informationen abgefragt werden, aber auch Anträge (auf Sozialleistungen oder Führerscheinverlängerung) abgegeben oder lokale Angelegenheiten in Diskussionsgruppen (wie im NYCENET) besprochen werden. Solche Aktivitäten auf regionaler und kommunaler Ebene werden häufig in Kooperation mit Universitäten, kommunalen Computer Gruppen (wie Community Networks) oder privaten Unternehmen (DEC, HP, Sun, AT&T) erstellt.[164]

5.1.3 Gegenwärtige Situation in Deutschland

In Deutschland steht die öffentliche Verwaltung mittel- und langfristig unter einem Kosten- und Veränderungsdruck. Finanzielle Restriktionen lassen aber wenig Spielraum für neue Investitionen. Dabei können multimediale Online-Dienste helfen, Kosten in der öffentlichen Verwaltung sowie im Bildungs- und Gesundheitswesen einzusparen. Versuche mit Online-Diensten haben in Deutschland bereits in den Achtziger Jahren begonnen. Der Schwerpunkt bei der Nutzung von Online-Diensten lag bis Mitte der Neunziger Jahre auf *Btx* bzw. *Datex-J*. Dieser Online-Dienst der Deutschen Bundespost Telekom wurde bspw. zum Aufbau eines Bundestagsinformationssystems genutzt. Auch deutsche Kommunalverwaltungen engagierten sich im Btx. So war 1989 ein Btx-Angebot von rund 160 Kommunen abrufbar. Allerdings beschränkte sich dies Angebot meist auf die Bestellung von weiteren Broschüren.[165]

[162] Vgl. Arnold (1994), S. 34.
   Siehe auch URL: http://www.lib.lsu.edu/gov/fedgov.html/
[163] Vgl. Igoe (1995), S. 38.
[164] Vgl. Kubicek [u.a.] (1995), S. 37 ff.
[165] Vgl. Kubicek/Redder/Seeger/Tisborn (1993), S. 17.

Seit 1995 sind die ersten drei deutschen Bundesministerien über WWW-Seiten[166] im *Internet* erreichbar (Auswärtiges Amt, BMBF, BMWi). Seit Jahresbeginn 1996 präsentieren sich mit dem BMVg, BML, BMG, BMU und dem Bundestag weitere Bundeseinrichtungen im Internet. Parallel dazu läuft ein Projekt "Abgeordnete im Internet" im Fachbereich Politische Wissenschaft der FU Berlin, in dem sechs Abgeordnete Information über ihre Arbeit im Bundestag und im Wahlkreis präsentieren. Ein Projekt der Bayern Online Initiative beschäftigt sich mit dem Aufbau eines WWW-Server[167] für die Bayerische Staatsregierung, der seit 1995 der Öffentlichkeit zur Verfügung steht. Andere Länder - wie der Freistaat Sachsen - stellen Regierungsinformationen auf Universitätsrechnern (TU Chemnitz) zur Verfügung. Auch die Zahl kommunaler WWW-Seiten im Internet nimmt seit Sommer 1995 in Deutschland stark zu, wobei Informationsdienste eindeutig dominieren.

In Schulen und Hochschulen sollen Schüler und Studenten durch eine Ausbildung auf die Nutzung von Online-Dienste vorbereitet werden. Das BMFT/BMBF stellt dafür den Hochschulen seit vielen Jahren finanzielle Mittel zur Verfügung. Dennoch sieht das BMBF die Notwendigkeit zu weiteren Investitionen. 1996 rief das BMBF Länder, Kommunen, Unternehmen, Netzbetreiber und Stiftungen auf, für eine flächendeckende Ausstattung von Schulen und Hochschulen mit zeitgemäßer Hard- und Software zu sorgen. IBM Deutschland bietet bspw. bereits Schulen IBM-Software zu günstigen Preisen an. Ergänzt werden sollen diese Aktivitäten durch die Förderung von Modellversuchen zur Lehreraus- und -fortbildung sowie Medienerziehung. Parallel dazu laufen im Gesundheitswesen in Zusammenarbeit mit der Deutschen Telekom AG Pilotprojekte zu Telemedizin-Anwendungen: Bermed, Kamedin und Spirit.[168]

5.1.4 Gründe für eine verzögerte Entwicklung von Online-Diensten bei der öffentlichen Verwaltung in Deutschland

Die öffentliche Verwaltung, das Bildungs- und Gesundheitswesen haben unter der **angespannten Finanzlage bei Bund, Ländern und Gemeinden** besonders zu leiden. So *fehlen* in einigen finanzschwachen Kommunen *Mittel für Neuentwicklungen* wie Community Networks. Die Schulbudgets sind in der Regel für den Einsatz neuer Technologien zu gering ausgestattet. Die *Kosten* für Hardware, Software und Telefonverbindungen *belasten einen Schulhaushalt erheblich*. Schulen erhalten nur geringe Zuschüsse für

---

[166] URL: http://www.laum.uni-hannover.de/iln/bibliotheken/bundesamter.htm
URL: http://www.fu-berlin.de/POLWISS/mdb-projekt/bundestag/polinet.html
[167] URL: http://www.bayern.de/
[168] Vgl. Stüwe (1996a), S. 5.

die Nutzung von Online-Diensten. Dabei handelt es sich um einen Bereich, in dem die *laufenden Kosten massiv ansteigen können.* An Hochschulen sind die Rechnerpools häufig *nur zu bestimmten Zeiten geöffnet.* Die Nutzung des Internet kann aus Kostengründen auf bestimmte Anwendungen wie E-Mail beschränkt sein. Auch im Gesundheitswesen sind finanzielle Mittel nicht unbegrenzt verfügbar. Allerdings kann hier häufig noch auf den Träger, Einkünfte, Spenden und vorhandenes Vermögen zurückgegriffen werden.

Zweitens sind vor allem Investitionen notwendig, da die **interne Infrastruktur noch nicht ausreichend ausgebaut** ist. So ist in Schulen und Hochschulen eine *komplette Neuverkabelung* der Klassenzimmern bzw. der Vorlesungssäle[169] *notwendig.* Dies gilt ebenso für das Gesundheitswesen und die öffentliche Verwaltung, wo Neuverkabelungen seit Beginn der Neunziger Jahre nach und nach durchgeführt werden. Das *WiN mit seinen 2 MBit/s-Leitungen* verfügt zur Zeit für die Übertragung medizinischer Daten (Röntgenbilder, Ultraschallbilder, Videosignale oder Krankenakten) noch über eine viel *zu geringe Bandbreite.* Ein flächendeckender Ausbau auf ATM-Kapazitäten muß zuerst durchgeführt sein, ehe ein bundesweiter Einsatz von Telemedizin sinnvoll ist. Wenn Mittel für Neuanschaffungen fehlen, müssen *bestehende Anlagen* an die neuen Standards und Protokolle *angepaßt werden. Potentielle Sicherheitsrisiken* müssen vor einem Anschluß ans Internet durch Schutzbarrieren (Firewalls) entschärft worden sein.

Auf Grund des **Mangels an Expertenwissen und Trainingsmöglichkeiten** sind drittens mit dem Einsatz von Online-Diensten *arbeits- und kostenintensive Schulungen* für das Personal notwendig. Wegen der Komplexität neu zu entwickelnder Anwendungen verfügen die EDV-Abteilungen der Verwaltungen nur selten bereits über ausreichende Kenntnisse. Deren finanziellen Möglichkeiten sind aber eingeschränkt. Während die Universitäten noch einige engagierte Studenten zur Mitarbeit gewinnen können, stehen Schulen nur *wenig Fachkräfte zur Systembetreuung* zur Verfügung. Lehrer verfügen im Rahmen ihrer Ausbildung selten über Fachkenntnisse zur Systemverwaltung. So müssen *professionelle Systembetreuer,* wie zumeist auch in der öffentlichen Verwaltung und im Gesundheitswesen, die Installation, Wartung und Ausbildung übernehmen. Bei den Schulungen sollen auch die *Ängste beim Einsatz von Online-Diensten* abgebaut werden, um die Einführung nicht am Widerstand der Beschäftigten scheitern zu lassen.

Viertens existiert in der öffentlichen Verwaltung, wie in allen Organisationen auch, eine **mangelnde Bereitschaft zur Änderung vorhandener Strukturen.** Im Bildungswesen liegt bspw. die Verantwortung bei den Landes-Kultusministerien, die für Lehrplan-

---

[169] Wegen knapper Finanzmittel werden nur einige Computerräume eingerichtet.

änderungen an Schulen zuständig sind. Bisher gehört Informatik in den meisten Bundesländern aber nur zu den Wahlfächern. Der Einsatz der EDV in anderen Schulfächern im Rahmen von Projektarbeiten findet zur Zeit noch wenig Verbreitung. Die Bildungsinitiative "Schulen ans Netz" der Bundesregierung möchte hier zu einem Umdenken anregen. Die Notwendigkeit zu einer *Verwaltungsgrenzen überschreitenden Kooperation* wird als weiterer Hemmfaktor bei der Entwicklung betrachtet, weil *Widerstände der Beschäftigten* Kooperationsprojekte zum Scheitern bringen können.

Schließlich existieren auch **rechtliche Schwierigkeiten** beim Einsatz von Online-Diensten. So wirken die *verwaltungsrechtliche Zulässigkeit und der Datenschutz als Hemmfaktoren*, vor allem hinsichtlich der Verknüpfungen von Leistungen unterschiedlicher Verwaltungsbereiche (z.B. Meldewesen und Sozialleistungen). Problematisch aus Sicht des Datenschutzes ist auch die Weitergabe von persönlichen Daten wie z.B. Röntgenbilder oder Patientenakten. Die bestehenden Gesetze sollen die Bevölkerung u.a. vor mißbräuchlicher Nutzung und Weitergabe ihrer Daten schützen. Im Interesse eines besseren Arbeitsablaufs sind Änderungen beim Datenschutz notwendig, über die aber wegen ihrer weitreichenden Konsequenzen ausführlich nachgedacht werden muß. Darüber hinaus sorgt ein *unsicherer Umgang mit Urheberrechten* vor allem im Schulbereich für Probleme. Die Verbreitung von Unterrichtsmaterial über multimediale Online-Dienste kann zu Verstößen gegen Copyright-Rechten an Bild, Ton und Musik führen, die zivil- und strafrechtliche Sanktionen mit sich bringen.[170]

5.2   Kommerzielle Dienstanbieter

Unter dem Begriff "Kommerzielle Dienstanbieter" werden neben Presence Provider auch solche Unternehmen zusammenfaßt, die Produkte und Dienste rund um einen Online-Dienst anbieten. Kommerzielle Dienstanbieter sind weder reine Netzbetreiber *(Service Provider)*, noch bieten sie nur reine Inhalte für einen Online-Dienst *(Content Provider)*. *Presence Provider* bieten die Gestaltung, Einrichtung und Pflege von Dienstleistungen in Online-Diensten für Dritte an. Diese Dienste können auf Provider-eigenen oder externen Servern eingerichtet werden. Häufig nehmen Service Provider auch die Aufgaben eines Presence Providers wahr. Andererseits ergänzen einige Content Provider ihr Angebot um zusätzliche Dienste (Werbeflächen für Dritte, Zusatzinformationen), wodurch sie auch zum Presence Provider werden. Aber auch *Marktforscher, Unternehmensberater, Datenbankanbieter* und *Informationsbroker* mit Angeboten über Online-Dienste zählen zur Gruppe der kommerziellen Dienstanbieter.

---

[170] Vgl. Riehm/Wingert (1995), S. 121 f.

5.2.1 Entfaltungsraum für kommerzielle Dienstanbieter

Bis 1995 dominierten klar Anwendungen rund um das *Electronic Information Management* die **Dienstleistungen kommerzielle Dienstanbieter** (Abbildung 6). Die meisten Anbieter entwickeln für jeden Kunden ein eigenes Angebot, daß die Verteilung, den Abruf und den Austausch von Informationen ermöglicht. Software-Agenten (wie Lycos oder Yahoo)[171] helfen bei der Beschaffung von Informationen jeglicher Art. Verzeichnisdienste sollen einen Überblick über vorhandene Informationen eines Online-Dienstes geben, wobei hier die Informationen nach sachlichen Kategorien getrennt werden.

Neben den klar strukturierten und leicht auffindbaren Informationen profitieren Anbieter in kommerziellen Online-Diensten von der Erfahrung des Netzbetreibers im Bereich *Electronic Commerce*. Langjährig erprobte Abrechnungsverfahren bieten sichere Inkassoverfahren, die für Käufer und Verkäufer kaum Risiken bergen. Electronic Commerce ist besonders interessant für Informationsprodukte wie Videos, Musik, Software, Nachrichten, Rechtshilfe oder Finanzdienstleistungen. Im Internet dagegen befindet sich der elektronische Handel noch in einer Anfangsphase, da Standards für Finanztransaktionen noch nicht weltweit akzeptiert sind. Im Rahmen des *Electronic Banking* werden Angebote für Banken, Sparkassen, Versicherungen, Investmentfirmen und Kreditkartenunternehmen entwickelt. Die Palette aktueller Projekte umfaßt neben Homebanking und einfachen Finanzdienstleistungen die Erprobung neuartiger Abrechnungsverfahren wie elektronische Zahlungsmittel,[172] elektronische Geldbörsen oder sichere Online-Transaktionen mit Kreditkarte.

Unter dem Sammelbegriff *Electronic Publishing* werden elektronische Zeitungen, Zeitschriften und Magazine zusammengefaßt. Diese heben sich von gedruckten Exemplaren durch ein elektronisches Zusatzangebot ab, daß normalen Lesern verwehrt bleibt. Online-Angebote von Radio- und TV-Stationen bilden das Übergangsglied zur *Electronic Communication*, zu der Individual- und Gruppen-Kommunikationsdienste über Online-Dienste (Phone, Talk und Chat) zählen. Viele dieser Dienstleistungen generieren einen Zusatznutzen für die Anwender. Gleichzeitig können Provider Kenntnisse über Akzeptanz- und Benutzerverhalten gewinnen.

---

[171] URL: http://www.lycos.com/, http://www.yahoo.com/
[172] Vgl. Schieb (1996), S. T5.

60

Electronic Information Management	Electronic Commerce
• Informationsverteilung	• Marktplatz (Shopping Mall)
• Informationsabruf	
• Informationsaustausch	**Electronic Publishing**
• Informationsbeschaffung	• Elektronische Zeitungen
(Software Agenten)	• Elektronische Zeitschriften
• Informationsüberblick	• Elektronische Magazine
(Verzeichnisdienste)	• Online-Radio und Online-TV

Electronic Banking	Electronic Communication
• Homebanking	• Individuelle Kommunikation
• Finanzdienstleistungen	(Phone, Talk)
• Electronic Cash / Virtual Paying	• Gruppenkommunikation (Chat)

Abbildung 6: Kommerzielles Online-Dienst-Angebot

Parallel zu den Diensten entwickelten sich auch **Produkte rund um Online-Dienste.** Die Steuerung von kommerziellen Online-Diensten erfolgt über Großrechner, die mit speziell entwickelter Software ausgestattet sind. Die Auswahl der ans Internet gekoppelten Server-Rechner liegt bei den einzelnen Netzbetreibern. In diesem Zusammenhang wurde *Internet-Server-Software* für Workstations und PCs entwickelt, wodurch sich das einsetzbare Hardware-Spektrum erheblich erweitert. Die Software umfaßt in der Regel Anwendungen zur Programmierung und Nutzeranalyse. Die meisten Online-Dienste können durch einen PC oder eine Workstation genutzt werden. Oracle und Sun planen 1996 die Markteinführung von *Netzwerk-Computern,* die speziell auf die Internet-Nutzung ausgerichtet sein sollen, ohne aber teure Komponenten wie Massespeicher zu benötigen. Für die Nutzung von Online-Diensten stehen *Offline- und Online-Reader* (wie Browser) zur Verfügung, deren Benutzerführung in den letzten Jahren stetig verbessert wurde.

Die meisten Entwicklungen stammen gegenwärtig noch aus den USA, wo die Entwickler von ihrem hohen Wissensstand profitieren können. Aus Universitätsprojekten entwickelten sich erfolgreiche Anbieter wie Lycos (Carnegie Mellon University) oder Yahoo (Stanford Research University). Viele Dienstleistungen des Internet werden kostenlos zur Verfügung gestellt oder über Sponsoring (Vermietung von Werbefläche) finanziert. Darunter haben nicht nur die kommerziellen Online-Dienste, sondern auch andere kommerzielle Informationsanbieter wie Datenbankbetreiber oder Informationsbroker zu leiden, die kostenpflichtige Dienste anbieten.

In Deutschland bieten die Netzbetreiber T-Online und AOL Bertelsmann jedem Dienstanbieter die Möglichkeit, auf ein Entwicklungsteam aus Grafikern und Programmierern
bei der Gestaltung von Diensten zurückzugreifen. Darüberhinaus existieren eine Vielzahl von Internet Presence Providern, die dieses Angebot für das Internet offerieren.
Bei vielen dieser Unternehmen handelt es sich um Neugründungen, die ihren Schwerpunkt auf den Multimedia-Bereich setzen. Dennoch war 1995 die Anzahl deutscher
Dienstanbieter im Internet noch sehr gering. Unter den rund 21.000 zugeschalteten
Rechnersystemen in Deutschland befanden sich im WWW lediglich 365 kommerzielle
Anbieter.[173]

5.2.2 Ursachen für eine verzögerte Entwicklung von Online-Diensten bei kommerziellen Dienstanbietern in Deutschland

In den vergangenen Jahren wurden *vergleichsweise wenig Produkte und Dienste speziell
für den deutschen Markt* entwickelt. Häufig werden einfach Dienstleistungen und Produkte angeboten, die ursprünglich für den amerikanischen oder internationalen Markt
entwickelt worden sind. **Deutschland**, Teil eines *multikulturell aufgespaltenen europäischen Marktes*, ist derzeit noch **als Markt für Dienstanbieter zu klein**, da sich
Entwicklungen eher in größeren Märkten rentieren. Der Break-Even-Point für einzelne
Dienste ist nicht so schnell zu erreichen. So stellte u.a. die FAZ ihr Electronic-Publi-
shing-Angebot im Btx 1989 ein, weil damals eine ausreichende Nachfrage fehlte.[174] Seit
Mitte der Neunziger Jahre ist durch die explosionsartige Zunahme an deutschen Nutzern bei multimedialen Online-Diensten ein Anstieg der Dienstanbieter zu beobachten.

Außerdem befinden sich **Presence Provider** für multimediale Online-Dienste in
Deutschland **noch in einer frühen Entwicklungsphase**. Eine Untersuchung zu Internet
Presence Providern zeigt auf, daß die *überwiegende Zahl der Firmenneugründungen
erst seit 1990* stattfindet. Dabei haben die meisten Unternehmen ihren Ursprung in der
EDV-Branche (Bereiche Netzwerke und Unix). Neben Unternehmen aus dem Multi-
media-Bereich werden auch Werbeagenturen und Verlage zunehmend als Internet
Presence Provider aktiv.[175] Die *ungünstigen Rahmenbedingungen für Firmenneu-
gründungen* und die *hohen Anfangsinvestitionen* senken eher die Zahl der Neugründungen. Zudem verunsichert noch die *Vielfalt der möglichen Entwicklungsstränge bei
Hard- und Software* weitere Investoren.

---

[173] Vgl. Pagé (1996), S. B13.
[174] Vgl. Schmidt (1996), S. T1 f.
[175] Vgl. Lux (1995), S. 57 f.

Auf *mangelnde Erfahrungen, geringe technische Kenntnisse und beschränkte Möglich-keiten* sind daher auch die **Schwächen bei der Gestaltung von Online-Dienstleistun-gen und -angeboten** zurückzuführen. Nachteilig wirken sich vor allem die bei kom-merziellen Online-Diensten wie Btx oder Datex-J bedingte *geringe optische Qualität und Benutzerfreundlichkeit* aus. Verwöhnte Personal-Computer-Besitzer werden durch Angebote in Blockgrafik *enttäuscht.* Aber auch im Internet weisen multimediale Prä-sentationen durchaus eine *schlechte Konzeption* auf. Bei den Anwendern besteht sel-tener ein Interesse an Jahresberichten, Presseinformationen oder Unternehmens-beschreibungen. Der *Mangel an unterhaltsamen Dienstangeboten* führt besonders unter privaten Nutzern zu einem Desinteresse am Angebot. Viele professionelle Anwen-dungen zu Electronic Data Interchange (EDI) befinden sich noch in der Entwicklungs-phase. Ein mangelndes Verständnis des interaktiven Dienstmarktes führt bei einigen Dienstanbietern dazu, daß sie *lukrative Zielgruppen nicht erkannt* haben. Statt den ver-muteten zahlungswilligen Konsumenten finden sich im Internet eher altruistische "Freaks" und Studenten wieder, die an ein kostenloses Angebot mit einer nahezu unbe-grenzten Auswahl in einem nahezu werbefreien Umfeld gewöhnt sind.

Das Verhalten der Zielgruppe ist auch für Online-Einrichter sehr wichtig. Ein Online-Layout ist anders zu gestalten als ein Druck-Layout. Die Anwender neigen *aus Zeit- und Kostengründen* durchaus zum *Abschalten der Grafikdarstellung* des Browsers. Dies ist auf die **nicht ausreichend ausgebaute Infrastruktur** von Online-Diensten in Deutschland zurückzuführen. Die zu *geringen Übertragungskapazitäten* führen zu *lan-gen Wartezeiten bei der Datenübertragung* (Tabelle 3), was sich auch in *höheren Tele-fongebühren* niederschlägt. Daher ist das deutsche Internet für Publikationen im Stil einer klassischen großformatigen Lifestyle-Zeitschrift mit einem hohen Anteil von Hochglanzfotos und Designergrafiken noch sehr ungeeignet.[176]

Weiterhin führt die **unklare und komplexe Rechtslage** bei kommerziellen Anbietern ebenso zu Verzögerungen, da große Unsicherheit über die kommende Entwicklung be-steht. So verunsichert das vom Bundesinnenministerium *geplante Verbot der Nutzung von Verschlüsselungsverfahren*, bei denen ausschließlich der Empfänger die Nachricht entziffern kann. Investitionen in die Entwicklung von Sicherheitsmechanismen könnten dadurch zur Farce werden. Sie sind aber für die Entwicklung von Dienstangeboten un-bedingt notwendig.[177] So benötigen Banken und Versandhandel einen akzeptierten Sicherheitsstandard, der ihnen eine ausreichende Transaktionssicherheit gewährleistet. Transaktionen sollen für den Nutzer einfach, überschaubar, korrigierbar und nachprüf-

---

[176] Vgl. Kunze (1995), S. 166.
[177] Vgl. Schmitz (1996), S. 28.

bar ausgewählt und abgewickelt werden können. Bisher existiert noch **kein weltweit akzeptierter Sicherheitsstandard** für Online-Dienste. Da aber Transaktionen im Zahlungsverkehr durch Mißbrauch besonders gefährdet sind, *warten Banken* mit Investitionen rund um das Electronic Banking ab, *bis sichere Lösungen vorhanden sind.* Im Gegensatz zum Internet oder anderen Online-Diensten kann T-Online bereits seit einigen Jahren durch seine Sicherheitstechnik eine Vielzahl deutscher Banken und Sparkassen überzeugen. So zählt 1995 das Homebanking-Angebot zu den am meist genutzten Diensten von T-Online.[178]

Auch *international nicht abgestimmte Rechtsgebiete* verunsichern Investoren. So können Technologie und neue Anwendungen in einigen Ländern im *Widerspruch zu bestehenden Gesetzen und Verordnungen* stehen. Da in Frankreich ein Kryptographieverbot besteht, dürfen an französischer Nutzer keine verschlüsselten Daten versandt werden, obwohl dies bei Finanztransaktionsdaten unbedingt notwendig ist.[179] Aber auch *Verstöße gegen das Urheberrecht oder das Datenschutzrecht* werden nicht in allen Ländern *gleich behandelt.* So können Bild-, Ton- oder Musikdokumente in Ländern, die weder die Berner Konvention über Autoren- und Bildrechte unterzeichnet haben noch über entsprechende nationale Urheberrechtsregelungen verfügen, ohne Strafandrohung kopiert und von dort weltweit vertrieben werden. Solange kein ausreichender Schutz vor Mißbrauch geboten ist, werden sich einige potentielle Anbieter weigern, ihr kommerzielles Dienstangebot in Online-Diensten zu präsentieren.

Gerade bei Content Providern wie Verlagshäusern besteht die *Angst vor dem Verlust bestehender Marktanteile.* Mit Online-Diensten werden nicht nur neue Nutzer für die eigenen Publikationen gewonnen, sondern es besteht auch die Gefahr, daß Kunden von bestehenden auf die neue Medien abwandern. Durch die abnehmende Kundenbindung kann die *Zahl der Leser* und folglich auch die der *potentiellen Anzeigenkunden* der eigenen Veröffentlichungen ungewollt reduziert werden. Diese Substitutionseffekte können Umsatz- und Beschäftigungsrückgänge für Verlagshäuser mit sich bringen. Da außerdem die Finanzierung einer Online-Publikation wesentlich schwieriger ist als die eines Print-Objekts, ist bei einigen Verlagshäusern ein **zögerliches Verhalten bei Unternehmensentscheidungen** bzgl. Online-Diensten zu beobachten.[180] Die großen deutschen Verlagshäuser Bertelsmann und Burda haben frühzeitig auf Online-Dienste gesetzt, um auf die Herausforderungen durch Online-Dienste besser vorbereitet zu sein.

[178] Vgl. Schmidt (1996), S. T1 f.
[179] Vgl. Luckhardt (1996), S. 144.
[180] Vgl. Treplin (1995), S. 82 f.

5.2.3   Entwicklungstendenzen

Der elektronische Handel wird zukünftig von weltweit akzeptierten Sicherheitsstandards beim Electronic Banking profitieren können. Im Oktober 1995 wurden Cyber-Dollar als Zahlungsmittel im Internet von der Mark Twain Bank eingeführt, die aber bisher erst von wenigen Anbieter akzeptiert werden.[181] Im Februar 1996 haben VISA und MasterCard einen gemeinsamen Standard bekanntgegeben, mit dem die Sicherheit bei Kreditkartenzahlungen gewährleistet werden soll. Bis Ende 1996 sollen die Testphasen abgeschlossen und mit der regulären Nutzung des Standards begonnen werden.[182]

Sollten sich elektronische Abrechnungsverfahren bewähren, so muß mit gravierenden Auswirkungen auf die Weltwirtschaft gerechnet werden. Große Teile des Dienstleistungsgeschäfts geraten unter einen gewaltigen Konkurrenzdruck, da mit Online-Anbietern geographische Grenzen verschwinden und die weltweit attraktivsten Angebote über Gewinn oder Verlust entscheiden werden. Insbesondere Banken, Versicherungen, Verlage und der Einzelhandel werden sich auf neue Geschäftspraktiken einstellen müssen. Dazu werden sie ihre bisherige Strategie überdenken müssen, wenn sie langfristig am Markt präsent sein wollen.

5.3   Kommerzielle Dienstnutzer

Multimediale Online-Dienste werden heute von kommerziellen Organisationen wie Unternehmen sowohl zu internen als auch externen Zwecken eingesetzt. Besonders zur Kommunikation (Electronic Mail) und zum Marketing (multimediale Seiten) setzen kommerzielle Nutzer Online-Dienste ein. Klassischen Content-Provider wie Journalisten, Autoren oder Verlagshäuser eröffnet die Nutzung von Online-Diensten eine weitere Möglichkeit zur Veröffentlichung existierender publizistische Werke. Aus der Nutzung eines Online-Dienstes kann sich ein eigenes selbständiges Dienstangebot mit einem echten Mehrwert für Kunden herauskristallisieren. Solche Angebote werden dann allerdings zur Kategorie der kommerziellen Dienstangebote gezählt.

---

[181]   Vgl. Schieb (1996), S. T5.
[182]   Vgl. Zey (1996), S. 20.

5.3.1 Einsatzpotentiale der kommerziellen Dienstnutzung

Mit der Nutzung von Online-Diensten möchten kommerzielle Organisationen einerseits weitere Einnahmen erzielen. So können Online-Dienste als weiteres Verkaufs- und Vertriebsmedium verwendet werden. Außerdem bieten sie die Möglichkeit, das Image des Unternehmens in der Öffentlichkeit durch gezielte Marketingmaßnahmen zu erhöhen. Andererseits können durch Online-Dienst-Nutzung Kosten bei der Telekommunikation eingespart und die Produktivität durch eine weitere Optimierung von Kommunikations- und Logistikprozessen erhöht werden.[183] Unternehmensinterne Netze auf Basis des TCP/IP-Protokolls, sogenannte **Intranets** erfreuen sich einer stark wachsenden Verbreitung. Bei der Nutzung kann ein Unternehmen auf externe Provider zurückgreifen, die entweder die komplette Einrichtung eines eigenen Online-Rechnersystems übernehmen oder aber den Zugriff über externe Computersysteme ermöglichen. Ein Unternehmen kann ein Netz jedoch auch selbst betreiben und selbst die technischen Möglichkeiten ausprobieren, wenn es Online-Dienste für kommerzielle Zwecke nutzen möchte.

Es existieren für multimediale Online-Dienste eine Vielzahl von betriebswirtschaftlichen Einsatzmöglichkeiten (Abbildung 7). So können Online-Dienste das **Beschaffungswesen** durch schnellere Absprachen, effizientere Abwicklung und hohe Reichweite bei der *Lieferquellensuche, Angebotsrecherche, Bestelldatenübermittlung* und *Bezahlungsabwicklung* unterstützen. In einigen Unternehmen werden bereits Entwicklungen zum *Electronic Data Interchange* (EDI) genutzt, dem elektronischen Austausch von Geschäftsdokumenten. Dieser Dienst kann auch bei der **Produktion** zur *Koordination einzelner Produktionsstätten* eingesetzt werden. Die *Planung und Absprache* erfolgt effizienter über elektronische Postdienste.[184] Komplexe visuelle Darstellungen, die bei *Ferndiagnose* und *Fernunterweisung* die Zusammenarbeit erleichtern, können zudem schnell ausgetauscht werden.[185]

---

[183] Vgl. Washburn (1995), S. 30 f.
[184] Vgl. Wolfram (1996), S. 105 ff.
[185] Vgl. Lübbeke (1995), S. 30 f.

Beschaffungswesen
• Lieferquellensuche • Angebotsrecherche • Bestelldatenübermittlung • Bezahlungsabwicklung

Produktion
• Koordination einzelner Produktionsstätten • Planung und Absprache • Ferndiagnose • Fernunterweisung

Marketing
• Werbemittel • Kundendienst • Bestellvorgang • Öffentlichkeitsarbeit • Sponsoring • Marktforschung

Forschung und Entwicklung
• F&E-Informationen • Austausch mit Kollegen

Informationsbeschaffung
• Software • Recherchen • Geschäftsinformationen • Finanzinformationen • Zugriff auf Mainframe-Resourcen • Controlling und Rechnungswesen

Kommunikation
• unternehmensintern • unternehmensextern

Personalverwaltung
• Stellenbörsen • Aus- und Fortbildung • Selbstlernprogramme

Organisation
• unternehmensinterne Informationsveröffentlichung • Zusammenarbeit in verteilten Arbeitsgruppen • offene unternehmensinterne Diskussion • Einrichtung von Telearbeitsplätzen

Abbildung 7: Kommerzielle Online-Dienst-Nutzung

Die Nutzung multimedialer Online-Dienste eignet sich besonders für das **Marketing**. Dank ihrer *hohen Reichweite bei attraktiven Werbezielgruppen*[186] werden sie als effizientes Werbemittel betrachtet. Alle relevanten *Werbeinformationen über Produkte und Dienstleistungen* können in farbigen virtuellen Katalogen potentiellen Kunden präsentiert werden. Das Einbinden von aktuellen Preislisten, Testberichten, Audio- und Videosequenzen oder Simulationen in die Darstellung ist möglich. *Supportforen* sollen zu weiteren Nachfragen ermutigen und den Kundendienst ergänzen. Angefügte Bestellformulare bieten zudem eine *sofortige Bestellmöglichkeit* für interessierte Kunden. Es können Eingabefehler bei der Bestellannahme vermieden und der gesamte *Verkaufsvorgang automatisiert und beschleunigt* werden.[187] Gleichzeitig ist eine Kostenreduzierung bei Druckwerken (Anleitungen) und Distribution möglich.[188] Die *Öffentlichkeitsarbeit*

[186] Vgl. Koenig (1995), S. 296.
[187] Vgl. Hansen (1995), S. 7 f.
[188] Vgl. Rosenthal (1996), S. 39.

kann durch attraktive Selbstdarstellungen imagefördernd gestaltet werden. Das dezente *Sponsoring* anderer Dienstangebote mit einer Übergangsmöglichkeit auf die Unternehmensseite erlangt eine immer größere Verbreitung. Dagegen ist der Empfang von unverlangter Werbung bei vielen Online-Nutzern, besonders im Internet, nicht erwünscht, weil er für den Empfänger mit Arbeit und Kosten verbunden ist.[189] Die Werbekontakte durch Interessenten sind für die Unternehmen minutiös belegbar. Die *Marktforschung* kann so nahezu zum Nulltarif einen Einblick in das Konsumverhalten der Netznutzer erlangen. Fragebogenaktionen sind durch direkte Kontaktmöglichkeiten zu Kunden leichter durchführbar. Zusätzlich kann die Marktforschung auf die externen Marktanalysen, Statistiken und Presseveröffentlichungen aus Online-Diensten zurückgreifen.

Im Bereich der *unternehmensinternen und -externen* **Kommunikation** können *Kosteneinsparungen* erzielt werden. Relativ niedrige Nutzungskosten machen vor allem das nichtkommerzielle Internet zu einer preiswerten Alternative zu Telefonen, Faxgeräten und Service-Rufnummern (wie 0130 oder 1-800). Aber Online-Dienste sind auch ein *schnelles und effektives* Mittel für die Kommunikation mit Kunden, Angestellten, Kollegen und Lieferanten. Ohne Rücksicht auf räumliche und zeitliche Entfernungen können Entscheidungsträger zusammenarbeiten und schnell auf Marktveränderungen reagieren.[190] Eine firmenspezifische Aufbereitung der Online-Ressourcen erleichtert die allgemeine **Informationsbeschaffung und -verarbeitung**. Durch den Einsatz von Web-Browsern ist bspw. ein *besseres Management interner Mainframe-Ressourcen* möglich.[191] Neben *externer Software* können auch *Geschäfts- und Finanzinformationen, Bonitätsauskünfte* sowie *Recherchen von Zeitungen und Informationsdiensten* genutzt werden. Industrieunternehmen haben die Möglichkeit besonders vom Internet zu profitieren, das ihnen aktuelle *F&E-Informationen mit hohem Forschungsgehalt* von Hochschulen und Regierungseinrichtungen liefern kann. In der **Forschung und Entwicklung** können dadurch *Entwicklungszeiten verkürzt, Produktfehler reduziert, die Produktqualität verbessert* und *F&E-Kosten gesenkt* werden.[192]

Stellenangebote in *elektronischen Stellenbörsen* erleichtern auch kurzfristig die Suche nach neuen Mitarbeitern. Multimediale Online-Dienste sind zur *Aus- und Fortbildung* von Mitarbeitern einsetzbar. Die Verbreitung von Lernsoftware ist leichter und schneller möglich als durch einen Versand von Datenträgern. Dazu bieten *Selbstlernprogramme* große Einsparpotentiale, da weniger Ausfallzeiten und keine Reise- und Übernach-

---

[189] Vgl. Lux (1995), S. 15.
[190] Vgl. Lübbeke (1995), S. 30 f.
[191] Vgl. Rosenthal (1996), S. 39.
[192] Vgl. Jaros-Sturhahn/Löffler (1995), S. 10.

tungskosten entstehen. Online-Dienste sorgen auch für Erleichterungen bei der **Personalverwaltung** und **Organisation** eines Unternehmens.[193] Sie können als Werkzeug zur unternehmensinternen *Informationsveröffentlichung, Zusammenarbeit* von verteilten Arbeitsgruppen oder für eine *offene unternehmensinterne Diskussion* eingesetzt werden. Außerdem wird mit Online-Diensten die Einrichtung von *Telearbeitsplätzen* gefördert, wovon Angestellte und Unternehmen profitieren können.[194]

Für alle klassischen Branchen und Industrien bieten multimediale Online-Dienste Einsatzmöglichkeiten. Kosteneinsparungen sind in vielen Branchen möglich. Eine Untersuchung der Coca-Cola Research Group hat ergeben, daß durch konsequenten EDI-Einsatz und gleichzeitige organisatorische Ablaufoptimierung 1,8 Prozent des Umsatzes eingespart werden könnten, was mit einer Verdopplung der Nettogewinne gleichzusetzen wäre.[195]

Seit 1992 lockerte die NSF ihre Restriktionen gegen den kommerziellen Gebrauch seiner Backbones nach und nach. Seit dieser Zeit steigt der Anteil kommerzieller Dienstnutzer im Internet stetig an. So hatten bereits 1994 rund 46 Prozent der US-Unternehmen mit einem Umsatz von über 1,5 Milliarden US-Dollar eine Präsenz im Internet.[196] Die Hauptarten der kommerziellen Internet-Nutzung liegen beim Electronic Mail, der Integration der Firmen-LANs in das Internet und beim Aufbau technischer Kundendienste.[197] Nach einer Untersuchung der Nielsen Media Group in den USA und Kanada liegen die Schlüsselfelder der geschäftlichen Nutzung des WWW bei der Informationssammlung, bei der Zusammenarbeit mit anderen, bei der unternehmensinternen Kommunikation und beim Kundendienst.[198] So ist auf Visitenkarten amerikanischer Geschäftspartner häufig auch die E-Mail-Adresse zu finden. Unternehmen können es sich nicht mehr erlauben und leisten, das Internet zu ignorieren oder auf eine Präsenz im Internet zu verzichten. Unter den Millionen Internet-Nutzern befinden sich sehr viele potentielle Kunden für ein Unternehmen, die so schnell und flexibel erreichbar sind.

[193] Vgl. Lübbeke (1995), S. 30 f.
[194] Vgl. Chandler (1995), S. 76 ff.
[195] Vgl. Schnurpfeil(1994), S. 158 ff.
[196] Vgl. Kehoe (1995), S. IT18.
[197] Vgl. Arnold (1994), S. 52.
[198] Vgl. CommerceNet / Nielsen Media Research (1995), K. 3.2.9.

5.3.2 Kommerzielle Dienstnutzer in Deutschland

In Deutschland übernahm Btx in den Achtziger Jahren die Rolle der Kommunikationsplattform beim elektronischen Geschäftsverkehr. Deutsche Unternehmen nutzen die Möglichkeiten des Online-Dienstes der Deutschen Bundespost überwiegend für Marketing, Verkauf und die Kommunikation mit dem Filialnetz. Allerdings setzen die technischen und finanziellen Möglichkeiten den Anwendungsmöglichkeiten Grenzen, so daß gegenwärtig verstärkt auf Internet-Entwicklungen gesetzt wird.

Seit Sommer 1995 ist das Internet auch bei deutschen Unternehmen stärker ins Bewußtsein gerückt. So stieg auch die Zahl der Veröffentlichungen in Management-Fachzeitschriften (Wirtschaftswoche, Manager Magazin, Capital) zum Thema Internet. Im Vergleich zu den USA sind die Trends und Chancen multimedialer Online-Dienste später erkannt worden. Dafür steigen viele deutsche Unternehmen gleich mit einer sehr leistungsfähigen Technik ins Internet ein. Unternehmen, die eine virtuelle Präsenz im Internet anstreben, müssen nach einer Untersuchung der Gartner Group (Tabelle 5) mit Anfangsinvestitionen von rund 232.000 DM und mit Betriebskosten von rund 110.000 DM jährlich rechnen.[199]

	Anfangsinvestitionen	Betriebskosten/Jahr
Web-Server	35.000 Mark	-
Software	35.000 Mark	-
Datenschutz	17.000 Mark	-
Datenaufbereitung	35.000 Mark	-
Leistungskosten	17.000 Mark	17.000 Mark
Personal	65.000 Mark	65.000 Mark
Wartung Hardware	7.000 Mark	7.000 Mark
Wartung Software	7.000 Mark	7.000 Mark
Aktualisierung	14.000 Mark	14.000 Mark
	232.000 Mark	**110.000 Mark**

Tabelle 5: *Aufwand für eine Marketing-Präsenz im Internet*
Quelle: Gartner Group (1996), S. 159.

---

[199] Vgl. Gartner Group (1996), S. 159.

5.3.3 Gründe für eine verzögerte Entwicklung von Online-Diensten bei kommerziellen Anwendern in Deutschland

Bei der kommerziellen Nutzung von multimedialen Online-Diensten haben Unternehmen mit verschiedenen **allgemeinen Problemen** zu kämpfen. Die *unklare und komplexe Rechtslage* kann bei kommerziellen Nutzern durchaus zu Verzögerungen führen, da Unsicherheit über die gültigen und zukünftigen gesetzlichen Rahmenbedingungen bestehen. Kommerzielle Dienstnutzer brauchen bei Investitionstätigkeiten verläßliche Regelungen zur Planungssicherheit. Bei der Nutzung in Deutschland müssen zudem die *Verordnungen des Verbraucher- und Datenschutzes* berücksichtigt werden. Die *teilweise gravierenden Sicherheitsmängel* bei der Internet-Nutzung können Datenschutz und -sicherheit nicht immer gewährleisten. Die *Angst vor einem Mißbrauch* und die *Furcht vor illegalem Zugriff* auf Unternehmensdatennetze durch Hacker verunsichert Dienstnutzer.

Kommerziellen Dienstnutzern fehlte darüber hinaus besonders in der Anfangsphase eines Online-Dienstes ausreichend **attraktive Inhalte deutschsprachiger Anbieter.** Da die *Entwicklung* eines vernünftiges Angebots für die kommerzielle Nutzung ein *langwieriger Prozeß* ist, benötigen kommerzielle Dienstanbieter eine gewisse Entwicklungszeit, bis ihr Angebot heranreift. Aber auch die Qualität des Angebots und der internen Software zur kommerziellen Nutzung befindet sich häufig noch *im Anfangsstadium,* da viele Unternehmen noch nicht lange in Online-Diensten präsent sind. So finden sich häufig Auszüge aus Jahresberichten, Unternehmensbeschreibungen oder Presseinformationen auf den Präsentationsseiten in Online-Diensten wieder. Erst nach und nach wird das Angebot um attraktive Möglichkeiten erweitert, weil vielfach erst *durch Erfahrungen* bei der Erstellung *neue Ideen und Kenntnisse gewonnen* werden können. Häufig zeigen multimediale WWW-Angebote anderer Unternehmen neue Nutzungsmöglichkeiten auf, die in veränderter Form ins eigene Angebot eingefügt werden können. Das Gesamtangebot ausländischer Unternehmen (insbesondere amerikanischer Unternehmen) ist auch umfangreicher, weil nicht nur die Technik *früher zur Verfügung* stand, sondern weitaus *mehr Unternehmen Online-Dienste nutzen.* So hat sich auch hier Englisch zur dominanten Anwendungssprache entwickelt. Dies hat auch den Effekt, daß neue Anwendungen zur kommerziellen Nutzung überwiegend in Englisch präsentiert werden, um einen möglichst weiten Anwenderkreis zu erreichen. Eine deutsche Übersetzung dieses Angebotes führt zwangsläufig zu einer *zeitlichen Verzögerung.* Dieser Verzug fällt aber nicht so ins Gewicht, da viele deutsche Nutzer der englischen Sprache mächtig sind.

Eine weitere Ursache sind **unternehmerische Entscheidungen** bezüglich multimedialen Online-Diensten. So *prognostiziert* bspw. die Dresdner Bank dem Online-Banking keine überragende Bedeutung für das Bankgeschäft der Zukunft. Daher engagiert sich das Unternehmen weniger im Internet und setzt mehr auf Telebanking (Telefon) und T-Online.[200] Diese Prognose spiegelt den Stand der gegenwärtigen technischen Möglichkeiten wieder. Allerdings werden potentielle einschneidene Verbesserungen der Internet-Technologie bei dieser Einschätzung außer Acht gelassen. Darüber hinaus wird das Internet von vielen Managern eher als *separate technische Anwendung betrachtet*, anstatt daß es als wichtige strategische Quelle für das ganze Unternehmen genutzt wird.[201] Manager sehen im Internet häufig nur ein weiteres Kommunikationsmittel, ohne daß sie umfassend und genau über die Möglichkeiten zur Informationsbeschaffung Bescheid zu wissen. Bis das Internet als strategische Quelle in Unternehmen eingesetzt werden kann, müssen bereits viele Vorarbeiten geleistet worden sein.

Eine vierte Ursache kann im **Widerstand von Beschäftigten und Führungskräften** gegen neue Technologien liegen. Die Angst vor Veränderungen und einem damit eventuell verbundenen Karriereknick führt insbesondere bei Angehörigen der älteren Generation zu Abneigungen gegenüber neuen Technologien. *Ältere Vorgesetzte weisen* ihre *Mitarbeiter zu nachlässig* auf die neuen Möglichkeiten der Online-Dienste hin, die sie vielleicht selbst noch nicht überblicken. Viele Unternehmensführungen haben die von Online-Diensten ausgehenden *Auswirkungen noch nicht erkannt*, da sie über keine oder zu geringe Kenntnisse verfügen. Diese Unwissenheit kann auch auf eine *mangelnde Einarbeitungszeit bei Führungskräften* zurückzuführen sein, die mit dem normalen Tagesgeschäft ausreichend belastet sind. So wird *jüngeren Mitarbeitern häufig das Experimentieren* mit Multimedia überlassen. Die *Entwicklung strategischer Multimedia-Konzepte* von Unternehmen wird dagegen von den Führungskräften auf die Zeit nach ihrer Pensionierung *verschoben*.[202]

In diesem Zusammenhang ist auch ein **zögerndes Verhalten bei Unternehmensentscheidungen** zu beobachten. *Investitionsentscheidungen* werden *hinausverzögert*, zumal die Rechtfertigung hoher Ausgaben ohne fundierte Kosten-Nutzen-Analyse nicht leicht ist. Die *Kosten* bei Online-Diensten sind *im voraus schwer zu kalkulieren*, weil auch beim Datenabruf Kosten entstehen können. Durch einen bisher *unzureichenden Dienstleistungsmarkt mit mangelnder Preis- und Markttransparenz* im Bereich der Internet-Service-Provider, werden Vergleichsrechnungen schwierig. Der *langfristige Nutzen ist schwer meßbar*, da er sich in finanziellen Einsparungen, einem verbesserten

[200] Vgl. Wolf (1995), S. 42.
[201] Vgl. Cronin (1995), S. 248.
[202] Vgl. Sturbeck (1996), S. 16.

Informationsmanagement, im Kundendienst oder in effizienteren Mitarbeitern nieder-schlagen könnte. Vorsichtigkeit ist aber bei Investitionsentscheidungen unbedingt ge-boten, da sich für ein Unternehmen nicht jede "neue" Technik auch lohnt. Aus dem Ein-satz eines Online-Dienstes sollte ein Unternehmen Nutzen ziehen.

Allerdings sind *für kleine Unternehmen* die **Umstellungskosten** beim Übergang auf EDI über Online-Dienste häufig *zu hoch*. Die Investitionen in Hardware, Software, In-stallation, Personal und Schulungen sind teuer, wobei weitere laufende Kosten (vor allem *Kosten* im Bereich der *Kommunikation*) entstehen.[203] Auch die Präsenz im Inter-net erfordert hohe Investitionen. Dagegen führen Zeitungsartikel über spionierende Hacker und Computerwanzen (Trojanische Pferde) im Internet bei Entscheidungsträger zu Verunsicherungen. Sind dazu noch *negative Erfahrungen mit permanenten techni-schen Problemen bei EDV-Neuinstallationen* gemacht worden, so werden Investitions-entscheidungen überkritisch abgewogen.

Schließlich entstehen Unternehmen auch hohe Kosten durch die *monopolistische Ge-bührenpolitik* der **Deutschen Telekom AG.** Für Unternehmen in Deutschland ist die Nutzung modernster Übertragungsleitungen mit Kapazitäten von über 30 MBit/s, wie sie viele Unternehmen in den USA für Datenübertragungen über Online-Dienste ver-wenden, *zu teuer*. Daher werden größtenteils ISDN-Leitungen oder Breitbandleitungen mit bis zu 2 MBit/s Übertragungskapazität verwendet. Durch die *niedrigen Datenüber-tragungskapazitäten* in deutschen Online-Netzen verlängern sich die Übertragungs-zeiten von komplexen multimedialen Darstellungen unnötig. So wird auf *optische At-traktivität* und *hohe Benutzerfreundlichkeit verzichtet*, um einen schnellen Zugriff zu ermöglichen. Industrie und Handel erhalten im Vergleich zum Forschungs- und Hoch-schulbereich erst viel später den Zugang zu Hochgeschwindigkeitsstrecken. Damit wird eine frühzeitige kommerzielle Nutzung dieser Strecken behindert. Konkurrenten in Ländern mit besserer Infrastruktur (wie den USA oder Großbritannien) können dagegen bereits Anwendungen für Hochgeschwindigkeitsnetze entwickeln und nutzen. Die ge-genwärtigen Kapazitäten deutscher Telekommunikationsnetze sind *nur in Ausnahme-fällen bereits für multimediale Anwendungen geeignet*. Zudem können häufig Kompati-bilitätsprobleme mit überholten Anlagen bestehen, da die alte Technik an neue Stan-dards und Protokolle angepaßt werden muß (wie beim Übergang von ISDN auf Euro-ISDN).

Kommerzielle Dienstnutzern sind häufig Verzögerungen entstanden, wenn die Deutsche Bundespost, die DBP Telekom bzw. die Deutsche Telekom AG *nicht in der Lage war*,

---

[203] Vgl. Scheer (1996), S. 42.

Anschlüsse und Leitungen zu einem gewünschten Termin zu installieren. Dies ist auf organisatorische Gründe in der internen Telekom-Verwaltung und auf technische Probleme zurückzuführen. In der Bundesrepublik wurden ISDN-Anschlüsse lange Zeit nicht in allen Ortsnetzen angeboten. Dabei ist aber anzumerken, daß *in den neuen Bundesländern erst seit 1990* mit dem Aufbau einer leistungsfähigen *Telekommunikationsinfrastruktur* begonnen werden konnte. Hier mußten generell Interessenten mit längeren zeitlichen Verzögerungen rechnen, ehe sie einen Anschluß erhalten konnten.

In Deutschland nimmt die Zahl der kommerziellen Dienstnutzer stetig zu. Mit zunehmender Dauer verbessern sich die Nutzungsmöglichkeiten für kommerzielle Unternehmen, wobei ein Trend zur Automatisierung vieler Unternehmensabläufe durch eine elektronische Kommunikation zu beobachten ist. Wenn der Preis zur bestimmenden Komponente bei der Auswahl von Diensten wird, können sich die Bindungen zwischen den Geschäftspartnern durchaus lockern. So wird mit erhöhter Konkurrenz bei gleichzeitig sinkenden Preisen zu rechnen sein. Dies kann zu einschneidenden Veränderungen in der internationalen Geschäftswelt führen, deren Auswirkungen heute noch nicht übersehbar sind.

5.4 Nichtkommerzielle Vereinigungen

5.4.1 Aktivitätsfelder in Online-Diensten

Nichtkommerzielle Vereinigungen können multimediale Online-Dienste ebenso wie kommerzielle Anbieter und Nutzer einsetzen. Gegenwärtig dominieren aber Aktivitäten im Bereich des Marketings den Einsatz von multimedialen Online-Diensten bei nicht kommerziellen Vereinigungen. In erster Linie werden Online-Dienste zur *Öffentlichkeitsarbeit* genutzt. Dabei liegt der Schwerpunkt bei Angeboten im Internet, weil im Vergleich zu kommerziellen Online-Diensten die Präsentationskosten geringer sind. Aber auch die *internen Kommunikationsmöglichkeiten* zwischen den Mitgliedern können durch Diskussionsgruppen oder Mailinglisten entscheidend verbessert werden.

Amerikanische **Parteien** nutzen Online-Dienste als eine weitere Präsentationsplattform für ihre Ideen und Vorstellungen. So verfügen alle republikanischen Bewerber zur Nominierung zum Präsidentschaftskandidaten ihrer Partei 1996 über eigene Internet Homepages. Über die "Wahlkampfseite" eines Kandidaten sind bspw. Reden, Aussagen, Aufsätze oder Bildschirmschoner abrufbar. Spendenaufrufe sind mit Abbuchungsformularen (via Kreditkarte) verbunden, wobei bei höheren Spenden Präsente winken.

Alle diese Seiten werden aus Wahlkampfmitteln finanziert.[204] In Deutschland haben 1995 die großen Parteien und parteinahen Stiftungen mit dem Aufbau eigener WWW-Server begonnen. Einige Parteien und Gewerkschaften arbeiteten bei der internen Kommunikation schon früher mit geschlossenen Benutzergruppen über Btx zusammen. Neben Parteien setzen auch *Religionsgemeinschaften, Bürgerrechtsbewegungen, Umweltschutzgruppen*, aber auch *rechtsradikale* oder *antisemitische Kreise* Online-Dienste für ihre eigenen Propagandazwecke ein. Letztgenannte nutzen diese Medien, über die sie weltweit erreichbar sein können, obwohl in bestimmten Staaten (wie Deutschland) nationale Veröffentlichungsverbote existieren.

In den Bereichen **Sport, Kunst und Kultur** bieten Online-Dienste einen erweiterten Spielraum für Darstellungen. Viele *Sportvereine* verfügen über Internet-Seiten, über die Spielpläne, Mannschaftsaufstellungen, Tabellen und die neuesten Vereinsnachrichten abrufbar sind. *Museen* wie das Louvre oder *Galerien* nutzen die multimedialen Möglichkeiten für die Schaffung virtueller Museen. Publikationen und Sammlungen können einer weiten Öffentlichkeit vorgestellt werden. *Öffentlich-rechtliche Rundfunkanstalten* (wie BR, SWF oder WDR)[205] ergänzen ihr Sendeangebot durch Service-Seiten im Internet: Prominenten-Talk, Interaktive Show, Musikwünsche, Musik-Datenbank, Senderinformationen und aktuelle Nachrichten. Aber auch *öffentliche Einrichtungen* wie *Bibliotheken, Theater, Oper oder Zoologische Gärten* nutzen Präsentationsflächen im Internet vornehmlich für eigene Informationshinweise. Diese Arbeit basiert sehr häufig auf dem privaten Engagement Freiwilliger.

Häufig sind lokale kulturelle Angebote in kommunale Computernetzwerke eingebunden. Eine Reihe von lokalen Netzen (Free-Nets, Community Networks, Civic Networks, Telecommunities, Telecottages) entwickelte sich aus dem *Community Computing Movement*. 1973 wurde mit dem "Community Memory" das erste lokale Community Network gegründet. Sie wollten die Rechnernetztechnologie für lokale Informationssysteme nutzen, die allen Bürgern zur freien Nutzung zur Verfügung steht.[206] Aus diesen Gruppen entstanden eine Reihe von **öffentlichen Interessensgruppen** (Public Interest Groups), die sich rund **um das Internet** engagieren. Das 1989 gegründete *National Public Telecomputing Network (NPTN)* möchte den Aufbau von Free-Nets technisch und finanziell unterstützen. Eine kritisch-konstruktive Unterstützung der Diskussion um die Infobahn wird in den USA von der 1981 gegründete Vereinigung *Computerprofessionals for Social Responsibility (CPSR)* geführt. Einzelne Gruppen haben sich zum *Telecommunications Policy Roundtable (TPR)* zusammengeschlossen, um bei der

---

[204] Vgl. Rademacher (1996a), S. 5.
[205] URL: http://www.br-online.de/, http://www.swf3.de/, http://www.wdr.de/
[206] Vgl. Schuler (1995), S. 88 ff.

Ausgestaltung der Informationsinfrastruktur staatsbürgerlichen und sozialen Aspekten Gewicht zu verschaffen.[207] Mit dem *CommerceNet* existiert ein nicht gewinnorientiertes Konsortium, daß sich das Ziel gesetzt hat, im Internet eine Art elektronischen Marktplatz zu realisieren, über den Geschäfte abgewickelt werden können.[208] In Deutschland wurde die *Deutsche Interessen-Gemeinschaft Internet* (DIGI) gegründet, deren Aufgabe in der Förderung des Internet liegt.

5.4.2 Ursachen für eine verzögerte Entwicklung von Online-Diensten bei nichtkommerziellen Vereinigungen in Deutschland

Die Weltwirtschaftslage sorgt auch bei *Trägern, Sponsoren, Gönnern und Mitgliedern* von nicht-kommerziellen Vereinigungen zu einer **finanziell angespannten Finanzlage**. So *fehlen* einigen nicht-kommerziellen Einrichtungen ausreichend *Finanzmittel* für Investitionen in Online-Dienste (Hardware, Software, Installation, Schulungen). Bei anderen Einrichtungen dauert es wegen eines **längeren internen Abstimmungsprozesses** etwas länger, ehe die Investitionen für einen Einstieg in Online-Dienste bewilligt sind. Dies kann auf den *Widerstand bei Beschäftigten wie Führungskräften* zurückzuführen sein. Darüber hinaus leiden nichtkommerzielle Vereinigungen unter den gleichen Problemen bei Angebot und Nutzung von Online-Diensten wie kommerzielle Organisationen, die in den vorherigen Abschnitten ausführlich behandelt worden sind.

5.5 Private Nutzung von Online-Diensten

5.5.1 Nutzungsmöglichkeiten für Privatpersonen

Alle Online-Dienste bieten auch Leistungen für die private Nutzung an (Abbildung 8). *Home Information Management* nimmt eine wesentliche Rolle bei diesen Angeboten ein. So können die Auskunfts-, Buchungs- und Reservierungssysteme ebenso für private wie geschäftliche Zwecke genutzt werden. Viele Angebote wie Last-Minute-Flüge sind speziell auf private Kundschaft zugeschnitten. Auch die aktuellsten Nachrichten, Sportergebnisse und Wetterberichte sind in den meisten Online-Diensten verfügbar. Diese werden um elektronische Ausgaben von Zeitungen, Zeitschriften und Magazinen ergänzt. So sind Sach- und Fachinformationen zu vielen Themenbereichen, zum Teil sogar das fremdsprachige Original, abrufbar. Online-Dienste können auch von Schülern,

[207] Vgl. Kubicek/Schmid/Wagner (1995), S. 50.
[208] Vgl. Bayerische Staatsregierung (1995), S. 60.

Studenten und Erwachsenen zur *Aus- und Fortbildung (Home Education)* verwendet werden. Einige Lernprogramme lassen sich bereits über Online-Dienste kopieren oder nutzen. Gleichzeitig finden sich in Online-Diensten Ansprechpartner für fachliche Probleme aller Art, so daß sich auch diese Fragen relativ schnell klären lassen.

Die Möglichkeit des *Homebankings* wird in Deutschland von Banken und Sparkassen besonders propagiert. Überweisungen, Kontoführung und einige weitere Finanzdienstleistungen lassen sich bereits von zu Hause aus mit Hilfe von Haushaltsfinanzprogrammen wie Quicken oder MS Money über einen Online-Dienst erledigen. Die Geldinstitute versprechen sich durch Homebanking einen Rückgang der internen Bearbeitungskosten. Im Internet sind mittlerweile weitere Anbieter im Wertpapier- und Optionshandel aktiv, die deutlich günstigere Geschäftskonditionen als herkömmliche Kreditinstitute für Privatkunden anbieten. Auch beim *Homeshopping* kann der Privatnutzer auf ein zunehmendes Angebot in Online-Diensten zurückgreifen. Es muß auf Ladenöffnungszeiten keine Rücksicht genommen werden, da bequem von zu Hause aus und 24 Stunden am Tag bestellt werden kann. Bestellungen werden elektronisch an den Hersteller weitergegeben, der die gewünschten Waren direkt an den Kunden verschickt. Software kann ebenfalls direkt aus dem Online-Dienstangebot geladen werden. Viele Hersteller stehen dem Kunden bei technischen Problemen über Foren auch unmittelbar zur Verfügung.[209]

Private Anwender benutzen Online-Dienste auch zur persönlichen *Unterhaltung* und *Kommunikation*. Beim "Surfen", dem Umherstreifen und Entdecken, bietet sich ihnen eine weite Auswahl, von Computerspielen über Online-Treffs bis hin zur Betrachtung pornographischer Bilder. Nach einer Umfrage der Zeitschrift MacWorld zu Wünschen von Privatpersonen im Zusammenhang mit dem "Information Highway" finden sich Unterhaltungsangebote wie Video on Demand oder Computerspiele auf den hinteren Plätzen wieder. Hohe Erwartungen werden der Umfrage zufolge in die Nutzung für politische Diskussionen, in den Zugang zu Information und in die Kommunikation gesetzt.[210] So kann E-Mail zur Erledigung der persönlichen Korrespondenz verwendet werden. Die Teilnahme an Diskussions- und Chatforen ermöglicht den Kontakt zu bisher unbekannten Menschen aus anderen Nationen. Diese Dienste werden auch zum *politisches Engagement* verwendet. So verzeichnen in den USA Diskussionsforen zu politischen Themenbereichen ein reges Interesse.[211] Diese Foren können auch zur Selbstdarstellung von Privatpersonen verwendet werden. Einige Online-Dienste bieten Privatnutzern bereits die Möglichkeit zur Erstellung eigener Seiten an ("My Homepage").

[209] Vgl. Kurz/Altgeld (1995), S. 32.
[210] Vgl. O.V. (1994), S. 99.
[211] Vgl. Kubicek/Schmid/Wagner (1995), S. 49 ff.

Home Information Management	Homeshopping
• Auskunftssysteme	• Bestellung von Waren
• Buchungssysteme	• Softwarekauf
• Reservierungssysteme	• Kundendienst
• Nachrichten (Sport, Wetter)	
• Zeitungen, Zeitschriften, Magazine	

Home Information Management
- Auskunftssysteme
- Buchungssysteme
- Reservierungssysteme
- Nachrichten (Sport, Wetter)
- Zeitungen, Zeitschriften, Magazine

Home Education (Aus- und Fortbildung)
- Sach- und Fachinformationen
- Lernprogramme
- Zugriff auf Expertenwissen

Homebanking
- Zugang über T-Online (mit Quicken oder MS Money)
- Wertpapier- und Optionshandel

Homeshopping
- Bestellung von Waren
- Softwarekauf
- Kundendienst

Unterhaltung (Entertainment)
- Surfen im Internet
- Computerspiele
- Online-Treffs
- Schmuddel-Bilder

Kommunikation
- persönliche Korrespondenz
- Diskussions- und Chatforen
- politisches Engagement
- Selbstdarstellung

Abbildung 8: Private Online-Nutzung

In diesem Zusammenhang ist auch die mögliche Nutzbarkeit von Online-Diensten *für kriminelle Handlungen* zu erwähnen, die von den Strafbehörden verfolgt werden muß. Zur Computer-Kriminalität zählen bspw. die Verwendung von abgehörten Kreditkartennummern bei Bestellungen auf fremde Rechnung (Betrug), das unberechtigte Eindringen in fremde Datennetze (Einbruch), der Vertrieb von Raubkopien (Diebstahl und Hehlerei) oder sexuelle Belästigungen. Die Anstiftung zu weiteren Straftaten (wie ein Handbuch für Bombenbastler), Boykottaufrufe gegen bestimmte Firmen oder Produkte und die Veröffentlichung von gewaltverherrlichenden, pornographischen oder völkerverhetzenden Texten ist in Deutschland auch über Online-Dienste verboten.[212]

In Deutschland können Privatnutzer auf Online-Dienste über öffentliche Terminals (Btx-Terminals, Multimedia-Kioske), über ihren Arbeitsplatz, die Ausbildungsstätte (Universität, Fachhochschule oder Schule) oder aber über einen privaten Zugang von zu Hause zugreifen. Die Nutzung von Online-Diensten für private Zwecke am Arbeitsplatz und an der Ausbildungsstätte ist ungern gesehen, wird aber im allgemeinen toleriert. Eine Privatnutzung ist hier größtenteils kostenlos möglich, da der Träger die Finanzierung übernimmt und den Nutzer nicht mit den entstandenen Kosten belastet. Für einen Zugriff auf das Internet kann in Deutschland auf Angebote der Internet-Service-Provider oder der Online-Dienste zurückgegriffen werden. Eine umfassende Über-

---

[212] Vgl. Engels (1995), S. 100 ff. und Glaser (1996), S. 34 ff.

wachung der Nutzung durch staatliche Stellen wie im Iran oder der Volksrepublik China findet in Deutschland nicht statt.

Multimediale Online-Dienste werden von einer vergleichsweise attraktiven Zielgruppe genutzt, die sowohl über ein überdurchschnittliches Einkommen als auch eine überdurchschnittliche Ausbildung verfügt. So besitzen bei T-Online 53 Prozent, bei CompuServe 73 Prozent und beim Internet 75 Prozent der privaten Nutzer einen höheren Schulabschluß. Es ist auch zu beobachten, daß bei allen Online-Diensten Männer bei der Nutzung einen hohen Anteil stellen.[213] Nach einer Hochrechnung von Nielsen Media Research hatten 1995 rund 27 Millionen Amerikaner und Kanadier über 16 Jahre bereits einmal Zugang zum Internet gehabt (17 Prozent der Bevölkerung).[214] In Deutschland dagegen ist mit 1,4 Millionen die absolute Zahl der Haushalte, die das Internet nutzen, noch relativ gering (4 Prozent der Haushalte).[215]

5.5.2 Gründe für eine verzögerte Entwicklung von Online-Diensten bei Privatanwendern in Deutschland

Mehrere Ursachen werden für eine verzögerte Entwicklung im Bereich der Privatnutzung angeführt. Erstens verfügen Online-Dienste in der **bundesdeutschen Presse** über ein **schlechtes Image**. *Presseberichte* verunsicherten die Bevölkerung, in denen *potentielle Straftatbestände* bei der Nutzung von Online-Diensten *hervorgehoben* wurden. Dazu zählt die *Verbreitung von rechtsgerichteter Propaganda* (z.B. Schriften des Deutsch-Kanadiers Ernst Zündel), *Bombenbauanleitungen für Terroristen, Bilder mit (kinder-) pornographischen Inhalten* über das Internet oder die *Nutzung durch die organisierte Kriminalität* (Mafia, Drogenhändler).[216] Mit Berichten über *Tele-Erotik-Angebote* im Btx, die überproportional abgerufen werden, wurde der Dienst in die Nähe von Sex-Service-Angeboten gedrängt. Aber auch Berichte über unsicheres Homebanking in Online-Diensten oder über Hacker und Datendiebe, in denen mögliche Gefahren überdimensioniert wurden, verunsichern Anwender. Der *Nutzen* von Online-Diensten wurde stattdessen lange Zeit nur in *einschlägigen Fachzeitschriften* hervorgehoben.

Eine *öffentliche Diskussion zur Informationsgesellschaft* und ihren Möglichkeiten fand in Deutschland bis 1995 *weder in der Presse noch in Bundestagsdebatten* statt. So *fehlt*

[213] Vgl. Kalt (1995), S. 22.
[214] Vgl. CommerceNet / Nielsen Media Research (1995), K. 1.2.
[215] Vgl. Kalt (1995), S. 22.
[216] Vgl. Glaser (1996), S. 39 f.

vielen Bundesbürgern das *Wissen um die Möglichkeiten* der neuen Informations- und Telekommunikationstechniken. Bereits durchgeführte Pilotprojekte berücksichtigten den Anwendungsbedarf von Privathaushalten nicht ausreichend.[217] Damit ist das Ausmaß der bevorstehenden Umwälzungen der *Bevölkerung offenbar auch heute noch nicht klar.* Diese **Unwissenheit der Bevölkerung** ist aber auch auf eine *ungenügende Ausbildung* zurückzuführen, da vielen Bürger durch die Ausbildungsstätten oder am Arbeitsplatz keine Kenntnisse über die Nutzung von Online-Diensten vermittelt werden. Insgesamt *fehlt* einem Großteil der Bevölkerung das *Grundwissen* im Umgang mit Online-Diensten. Viele Bürger *behalten* stattdessen bei der Informationsbeschaffung ihr *konventionelles Informationsverhalten* bei. Dies liegt zum Teil auch an *fehlenden Ansprechpartner* in der unmittelbaren Umgebung. Außerdem ist die Experimentierfreude nicht besonders ausgeprägt, solange für die Inanspruchnahme von Online-Diensten bezahlt werden muß.

Drittens besteht in Deutschland eine **mangelnde Bereitschaft, viel Geld für Online-Dienste auszugeben.** Zwar haben nach einer Umfrage 18 Prozent der Deutschen ein Interesse an neuen Kommunikationsangeboten. Aber *nur 7 Prozent* sind bereit, *mehr als 30 DM pro Monat* dafür auszugeben.[218] Die monatlichen Kosten eines Online-Dienstes liegen bei Privatanwendern häufig aber über 30 DM, wie aus Tabelle 6 zu ersehen ist. Mit Schnuppertarifen versuchen Online-Dienste dennoch neue Kunden zu locken. Sind PC und Modem beim Privatanwender nicht vorhanden, dann müssen auch Investitionen in Hardware getätigt werden, wobei die Preise in Deutschland deutlich höher als in den USA liegen. Vor dem Hintergrund *hoher Abgaben, geringen Lohnsteigerungen* (bei einem hohen absoluten Lohnniveau) sowie *über 4 Millionen Arbeitslosen* (Februar 1996) in Deutschland ist eine *sparsame Haushaltsführung* bei Angehörigen unterer und mittlerer Einkommensschichten verständlich.

---

[217] Vgl. Bayerische Staatsregierung (1995), S. 25.
[218] Vgl. Schäfer (1996), S. B7.

Kommerzielle Online-Dienste

	Grundgebühr		Nutzungsgebühr
CompuServe	19,95 DM	für 5 h und	4,95 DM/h
T-Online	8,00 DM	und	1,20 - 9,60 DM/h
AOL Bertelsmann	9,90 DM	für 2 h und	6,00 DM/h
Microsoft Network	14,00 DM	für 2 h und	7,50 DM/h
Europe Online	7,00 DM	für 2 h und	4,20 DM/h

Internet Service Provider (für Privatanwender, Analoganschluß)

	Grundgebühr		Nutzungsgebühr
DFN-Verein (WiN)	39,95 DM	für 20 h und	39,95 DM/20 h
EUnet	35,00 DM	für 5 h und	2,40 - 9,00 DM/h
NTG/Xlink (PoP)	45,00 DM	Pauschalgebühr	-
Maz (Netsurf)	35,00 DM	Pauschalgebühr	-
Contrib.Net	57,50 DM	Pauschalgebühr	-
ECRC (Spacenet)	17,25 DM	und	23,00 DM/MB
Nacamar	17,25 DM	500 KB frei	5,75 DM/MB
IBM Global Networks	26,00 DM	für 3 h und	7,00 DM/h
oder	52,00 DM	für 30 h und	7,00 DM/h

Tabelle 6:   *Monatliche Kosten eines Online-Dienstes in Deutschland (März 1996)*
                Quelle: Unternehmensangaben

Während des Netzaufbaus ist ein Zugang zu einem multimedialen Online-Dienst häufig noch nicht bundesweit zum Ortstarif erreichbar. Für Privatanwender war ein *Internet-Anschluß* lange Zeit *zu teuer und zu schwer* zu bekommen, da viertens die **Internet-Service-Provider EUnet und Xlink** bis 1994 **kein großes Interesse an Privatkundschaft** zeigten. Sie bevorzugten kommerzielle Kunden mit hohem Kommunikationsbedarf. Die Universitäten waren für Privatnutzer die *einzige Möglichkeit zu einem bezahlbaren Internet-Einstieg*, bevor mit dem Einstieg der privaten Internet-Vereine und weiterer Internet-Service-Provider Bewegung in den Markt kam.[219]

---

[219] Vgl. Holtschneider (1996), S. 114 ff.

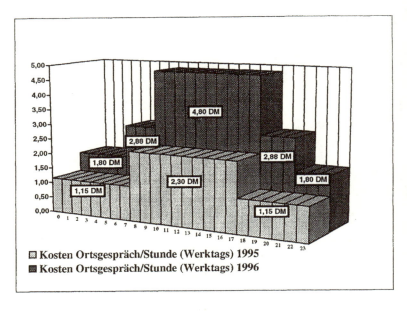

Abbildung 9: Auswirkungen der Gebührentarifreform 1996
          auf Ortsgespräche (Montag bis Freitag)

Für Verzögerungen bei der Akzeptanz von Online-Diensten in der Bevölkerung sorgte
fünftens in finanzieller Hinsicht auch die **Telefontarifpolitik der Deutschen Telekom.**
Bereits bis 1995 waren die *Kosten für Verbindungen* im internationalen Vergleich *relativ teuer.* Zudem war damals häufig nur in Großstädten ein Erreichen eines Online-
Dienstes zum Ortstarif möglich. Private Nutzer in abgelegenen Regionen mußten zur
Nutzung notgedrungen die Telefongebühren für Ferngespräche hinnehmen. Erst seit
1995 zeichnet sich bei mehreren Online-Diensten der Aufbau eines flächendeckendes
Netzes ab, bei denen eine Einwahl zum Orts- oder Nahtarif möglich ist. Mit der *Gebührenstrukturreform 1996* verteuerten sich Ortsgespräche mit einer Dauer von mehr
als 6 Minuten erheblich (siehe Abbildung 9 und 10). So erhöhte sich bspw. der Stun-
denpreis für eine Ortsverbindung werktags zwischen 18 und 21 Uhr von 1,15-DM auf
2,88 DM. Alle Online-Dienste *müssen* wegen der bestehenden Monopole *über das
Telekommunikationsnetz* der Deutschen Telekom AG *angewählt werden.* Die Nutzung
von Online-Diensten dauert in der Regel länger als sechs Minuten. Auf diese Weise
verteuerte sich die Nutzung von Online-Diensten *durch erhöhte Kommunikationsgebühren* für private Nutzer *erheblich.*

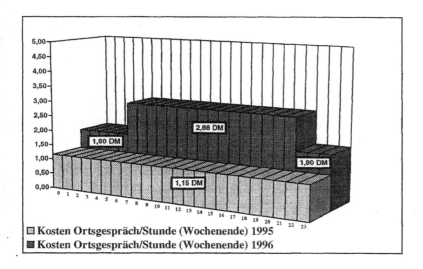

□ **Kosten Ortsgespräch/Stunde (Wochenende) 1995**
■ **Kosten Ortsgespräch/Stunde (Wochenende) 1996**

Abbildung 10: Auswirkungen der Gebührentarifreform 1996
auf Ortsgespräche (am Wochenende und an Feiertagen)

Ein weiterer Grund liegt in der **schlechten Infrastruktur im Bereich der Privat-anschlüsse** für die Nutzung multimedialer Online-Dienste. In Deutschland ist in den meisten Haushalten *nur ein analoger Telefonanschluß* vorhanden, der auch für die Nutzung von Online-Diensten benutzt wird. Bei analogen Anschlüssen ist eine maximale Datenübertragung derzeit auf 28.800 Bit/s (ohne Komprimierungsverfahren) begrenzt. Diese Bandbreite erweist sich besonders bei multimedialen Anwendungen als Flaschenhals, da bspw. die *Übertragung* großer farbiger Grafiken mit über 1 MByte Daten *mindestens fünf Minuten dauert.* Langwierige Datenübertragungen haben *höhere Telefongebühren* zur Folge. ISDN-Anschlüsse mit 64 KBit/s Übertragungskapazität sorgen für einen schnelleren Zugriff, der aber ähnliche Zeitprobleme bei komplexen multimedialen Anwendungen hat (Tabelle 3). Für eine Nutzung der in 23 Millionen deutschen Haushalten verlegten Breitband-Kabelanschlüsse durch multimediale Online-Dienste ist *bisher noch keine Lösung entwickelt und angeboten* worden.

In der **Qualität des Angebots multimedialer Online-Dienste** ist eine weitere Ursache für Verzögerungen zu finden. Bedingt durch *niedrige Übertragungskapazitäten* wurde von den Netzbetreibern zu Beginn *auf große hochauflösende Grafiken und eine damit verbundene hohe Benutzerfreundlichkeit verzichtet.* So wurde T-Online erst 1995 mit einer bedienungsfreundlichen Navigationshilfe ausgestattet. Auch das Internet erfreut sich seit der Veröffentlichung von WWW-Browsern einer stark wachsenden Beliebtheit, da die Nutzung vereinfacht worden ist. Allerdings schrecken *Sicherheitsmängel* Nutzer vor Homebanking und Homeshopping-Aktivitäten über das Internet ab. Auch ist die *Seriosität der Anbieter* häufig *unklar*, da im Internet mit geringem finanziellen Aufwand eine beeindruckende Präsenz möglich ist. Als weiteres *dominiert Englisch* mit Ausnahme von T-Online *das Angebot der multimedialen Online-Dienste.* MSN startete 1995 seinen Dienst mit 200 Anbietern, aber nur neun Anbieter konnten ein deutschsprachiges Angebot vorweisen.[220] Für gut ausgebildete Anwender ist das kein Hindernis, aber für ein breites Publikum sollte das Angebot in deutscher Sprache verfügbar sein.

Schließlich sind **Widerstände in der Bevölkerung gegen Online-Dienste** zu beobachten. Diese liegen nicht nur in der *Dominanz englischsprachiger Anwendungen*, sondern sie sind auch in einer *Skepsis gegenüber neuen Technologien* begründet. Die Angst vor einem Wandel der bestehenden Umwelt durch moderne Techniken bewirkt eine *Technophobie.* So wird bspw. das Zurückdrängen der direkten persönlichen durch eine indirekte computergestützte Kommunikation befürchtet. *Ängste vor sozialen Problemen* wie Isolation und Einsamkeit prägen besonders die Einstellung vieler Mitbürger gegenüber Online-Diensten. *Diese Ängste können das menschliche Denkvermögen blockieren*, was meist mit einer totalen Ablehnung der neuen Techniken verbunden ist. Die Skepsis überträgt sich auch ins berufliche Umfeld, wo die Angst vor einem Karierreknick die Bereitschaft zum regelmäßigen Gebrauch neuer Anwendungen und Systeme mindert.

In Beiträgen deutscher Zeitungen und Zeitschriften wird zunehmend auf die Möglichkeiten der Online-Dienste eingegangen. Dadurch wird auch ein Interesse potentieller Nutzer geweckt. Die Bundesregierung versucht mit ihrer Initiative "Info 2000" weitere Widerstände aus dem Weg zu räumen. Auf eine absehbare Zeit ist dennoch eine Online-Vernetzung aller deutschen Haushalte wenig realistisch. Die Ausstattung von Haushalten mit Computer und Modem wird trotz allem weiter zunehmen. Öffentlich zugängliche Multimedia-Online-Kioske können bei den Zugangsmöglichkeiten als Ergänzung dienen.

---

[220] Vgl. Gellweiler (1996), S. 15.

6   Zusammenfassung und Ausblick

Es lassen sich viele Gründe feststellen, die für Verzögerungen bei der Verbreitung des Internet und anderer multimedialer Online-Dienste in Deutschland verantwortlich sind. Auf der einen Seite stellen die *wirtschaftlichen und politischen Rahmenbedingungen* wie die angespannte Finanzlage bei Bund, Ländern und Gemeinden, die geringe Größe des deutschen Marktes sowie die unklare und komplexe Rechtslage Hindernisse dar. Auch die *Wirtschafts-, Forschungs- und Telekommunikationspolitik der deutschen Bundesregierung* behindert die Verbreitung multimedialer Online-Dienste. Hier sind insbesondere die bestehenden Monopole der Deutschen Telekom AG zu nennen, deren Abbau bis zum 1. Januar 1998 geplant ist.

In Deutschland haben die multimedialen Online-Dienste unter *geringen Datenübertragungskapazitäten* zu leiden, die Grenzen bei der Übertragung von bildgestütztem Material setzen. Die Telekommunikationsinfrastruktur für die Nutzung von Online-Diensten ist nicht besonders gut ausgebaut. Damit müssen erhebliche Wartezeiten in Kauf genommen werden. Die lange Zeit sehr geringe Zahl an Einwahlknoten hatte für viele Nutzer hohe Telefongebühren zur Folge. Um die Übertragungskosten zu reduzieren, verzichteten die Betreiber auf Benutzerfreundlichkeit und optische Attraktivität. Dadurch wurden aber viele potentielle Nutzer abgeschreckt. Der Aufbau eines Online-Dienstes ist zudem sehr zeit- und kostenintensiv. *Unternehmerische Entscheidungen* führten zu weiteren Verzögerungen beim Aufbau von Online-Diensten.

Schließlich bestehen bei einem großen Teil der deutschen Bevölkerung *geringe Kenntnisse* über die Möglichkeiten multimedialer Online-Dienste. Eine ungenügende Öffentlichkeitsarbeit der Bundesregierung und das schlechte Image durch Presseberichte führten zu Verunsicherung. Zu den Hindernissen zählen auch die Widerstände von Menschen und Organisationen gegenüber neuen Technologien. Bei der Bevölkerung ist ferner eine mangelnde Bereitschaft festzustellen, viel Geld für Online-Dienste auszugeben.

Viele dieser Ursachen für den verzögerten Erfolg multimedialer Online-Dienste sind mittlerweile von politischen und wirtschaftlichen Entscheidungträgern erkannt worden. Im Dezember 1995 präsentierte der Technologierat der Bundesregierung seinen Abschlußbericht zur Informationsgesellschaft mit 41 Empfehlungen. Diese nahm die Bundesregierung in ihre Initiative "Info 2000" auf, mit der Deutschland seit Februar 1996 in Richtung einer Informationsgesellschaft gelenkt werden soll. Verschiedene politische Gremien auf Bundes- und Landesebene arbeiten bereits an der Umsetzung einiger dieser Empfehlungen. Dennoch ist der Konflikt zwischen Bund und Ländern um die Zuständigkeit im Bereich der multimedialen Dienstleistungen im März 1996 noch nicht gelöst. Mit einer vollständigen Liberalisierung im Bereich des Telekommunikationsmarktes kann außerdem erst 1998 gerechnet werden.

Das Geschäft mit multimedialen Online-Diensten gewinnt an Dynamik. Der zunehmende Wettbewerb um Kunden sorgt für einschneidende Veränderungen. Die Betreiber versuchen Barrieren bei der Nutzung von Online-Diensten zu beseitigen. Die Oberflächen werden grafisch aufgebessert und um benutzerfreundliche Navigationshilfen ergänzt. Darüber hinaus müssen die Sicherheitstechniken im Bereich von Authentifizierung, Zugangskontrolle und Verschlüsselung verbessert werden. Die Netzinfrastruktur wird bei allen Diensten durch höhere Übertragungskapazitäten, Ausbau der Netzknoten und bundesweite Netzzugänge verbessert. Mit der Einstellung von eWorld und der Verlagerung des Angebots von Europe Online und MSN auf das Internet zeichnet sich ein weiterer Trend bei multimedialen Online-Diensten ab. Das lange Zeit kommerziell nicht nutzbare Internet übernimmt immer mehr die Funktion eines weltweiten "Information Superhighways", auf den von jedem kommerziellen Online-Dienst zugegriffen werden kann. So wird auch die Kommerzialisierung des Internet weiter vorangetrieben, wobei Netze und Angebote zunehmend wirtschaftlichen Zwecken dienen.

Verzögerungen bei der Verbreitung von Online-Diensten können schwerwiegende Nachteile für den Standort Deutschland haben. Unter Umständen sind bereits Möglichkeiten zur Schaffung von Arbeitsplätzen und die Eröffnung neuer Exportchancen vertan worden. Das Ausmaß ist noch nicht klar zu bestimmen.[221] Deutschland nimmt bei der PC-Marktdurchdringung oder der Einführung neuer Telekommunikationstechniken wie ATM keine weltweit führende Rolle ein. Dennoch existieren positive technische Voraussetzungen für eine zukünftige wirtschaftliche Spitzenposition Deutschlands im Multimediazeitalter. Die *boomartige Etablierung einer sehr leistungsfähigen Technik* sorgt für einen entscheidenden Wettbewerbsvorteil.[222] Die neu installierten Systeme verfügen über modernste Technik, die ältere Systeme an Leistung, Kapazität und Bedienungsfreundlichkeit übertreffen. Mit einer hochwertigen Ausstattung kann Deutschland durchaus auf hohem Niveau bei der weiteren technischen Entwicklung mithalten. So liegt bspw. die Anzahl deutscher Domains im Internet mittlerweile weltweit nach den USA an zweiter Stelle.[223]

---

[221] Vgl. Bayer (1994), S. 240.
[222] Vgl. Sturbeck (1996), S. 16.
[223] Vgl. Bournellis (1995), S. 52.

Der Einfluß multimedialer Online-Dienste wie dem Internet und die von ihnen ausge-
lösten Veränderungen werden viele Lebensbereiche verändern. Auswirkungen werden
auch in den Bereichen spürbar sein, die derzeit noch weit von der elektronischen Kommunikation entfernt zu sein scheinen. Die Ausbreitung multimedialer Online-Dienste ist
von der Akzeptanz der Bevölkerung abhängig. Es wäre daher sinnvoll, zum Abbau von
Ängsten und Widerständen durch eine intensive öffentlichen Diskussion beizutragen.
Die Bevölkerung sollte auf die bevorstehenden Änderungen beim Übergang in die Informationsgesellschaft vorbereitet werden. Dies ist nicht nur Aufgabe von Medien und
Politik, sondern auch jedes Einzelnen.

Im weltweiten Vergleich der Nutzung multimedialer Online-Dienste befindet sich die
Bundesrepublik im oberen Bereich. Dennoch wurde lange Zeit diesem Sektor von Wirt-
schaft und Gesellschaft zu wenig Beachtung geschenkt. Erst seit 1995 werden verstärkt
Anstrengungen unternommen, um den Rückstand gegenüber der Spitzengruppe unter
Führung der USA aufzuholen. Dieses Vorhaben bietet Deutschland allerdings auch die
Möglichkeit, schneller als andere Staaten ein hohes Nutzungs-Niveau zu erreichen, da
auf bereits entwickelte Lösungen, Produkte und Dienste zurückgegriffen werden kann.

Literaturverzeichnis

Arnold, Stephen E.: Internet 2000 - The Path to the Total Network, Infonortics Ltd., Calne (Great Britain) 1994.

Associated Press: Frankreich strebt internationale Regeln für das Internet an - Auch deutsche Minister für grenzübergreifende Standards - Zwischen Informationsfreiheit und dem Schutz des Rechts, in: Frankfurter Rundschau, 2.2.1996, 52. Jahrgang, Nr. 28, S. 28.

Bangemann, Martin [u.a.]: Europa und die globale Informationsgesellschaft - Empfehlungen einer Arbeitsgruppe ("Bangemann-Papier"), Amt für amtliche Veröffentlichungen der Europäischen Gemeinschaften, Luxemburg 1994.

Bartmann, Dieter / Wörner, Gerald: Die Markteintrittsbarrieren sinken - Konkurrenz für Filialbanken aus dem Internet, in: Frankfurter Allgemeine Zeitung, 6.2.1996, 47. Jahrgang, Nr. 31, S. B2.

Bayer, Rudolf: Deutschland verpaßt den Anschluß - Die Gebührenpolitik der Telekom - eine Katastrophe, in: Focus - Das moderne Nachrichtenmagazin, 2. Jahrgang, Heft 41, Focus Magazin Verlag, München 1994, S. 240.

Bayerische Staatsregierung (Hrsg.): Bayern Online - Datenhochgeschwindigkeitsnetze und neue Kommunikationstechnologien für Bayern - Das Konzept, Bayerische Staatskanzlei, München 1995.

Berger, Heinz: Zwischen Postreform I und Postreform II, in: Peter Eichhorn, Achim von Loesch und Günter Püttner (Hrsg.): Zeitschrift für öffentliche und gemeinwirtschaftliche Unternehmen (ZögU), Band 16, Heft 1, Nomos Verlag, Baden-Baden 1993, S. 80 - 95.

Beykirch, Hans-Bernhard: Langfingerland - Internet: mit Sicherheit unsicher, in: IX - Multiuser-Mulitasking-Magazin, 8. Jahrgang, Heft 4, Verlag Heinz Heise, Hannover 1995, S. 124 - 125.

BMBF - Bundesministerium für Bildung, Wissenschaft, Forschung und Technologie (Hrsg.) - **Der Rat für Forschung, Technologie und Innovation:** Informationsgesellschaft - Chancen, Innovationen und Herausforderungen - Feststellungen und Empfehlungen, BMBF - Broschürenstelle, Bonn 1995.

BMPT - Bundesministerium für Post und Telekommunikation (Hrsg.): Überlegungen zur Festlegung von Pflichtleistungen für die Unternehmen der Deutschen Bundespost, Informationsserie zu Regulierungsfragen, Band 5, Bonn 1991.

BMWi - Bundesministerium für Wirtschaft (Hrsg.): Die Informationsgesellschaft - Fakten - Analysen - Trends, Zeitbild Verlag, Bonn 1995.

BMWi - Bundesministerium für Wirtschaft (Hrsg.): Info 2000 - Deutschlands Weg in die Informationsgesellschaft - Bericht der Bundesregierung, AD Das Werbeteam Werbeagentur und Verlagsgesellschaft, Bonn und Sankt Augustin 1996.

Borchers, Detlef: Hi World ! - Neue Tendenzen bei Kommunikationsdiensten, in: IX - Multiuser-Mulitasking-Magazin, 9. Jahrgang, Heft 1, Verlag Heinz Heise, Hannover 1996, S. 40.

Bournellis, Cynthia: Internet'95 - The Internet's phenomenal Growth is Mirrowed in Startling Statistics, in: Internet World, 6. Jahrgang, Heft 11, Mecklermedia Corporation, Westport (Conneticut) 1995, S. 47 - 52.

Bredemeier, Willi: Internet an fünf Telefongesellschaften übergeben - Privatisierung, Kommerzialisierung, rückläufige Nutzung, in: PW - PASSWORD - Praxisberater für elektronische Informationsbeschaffung, Heft 12/1994, Handelsblatt GmbH, Düsseldorf 1994, S. 2.

Canter, Laurence A./ Siegel, Martha S.: Profit im Internet. Der Schritt-für-Schritt-Führer in die Welt des Internet, Metropolitan Verlag, Düsseldorf 1995.

Carl-Mitchell, Smoot: Netzwerk-Dschungel - Digitale Datendienste in den USA, in: IX - Multiuser-Mulitasking-Magazin, 8. Jahrgang, Heft 5, Verlag Heinz Heise, Hannover 1995, S. 124 - 129.

Cenarius, Friedhelm: Mehrwertdienste - Ein bunter Strauß, in: Diebold Management Report - Analysen und Meinungen zu aktuellen Fragen der Informationsverarbeitung, Heft 3/95, Diebold Deutschland GmbH, Frankfurt am Main 1995, S. 18 - 21.

Chandler, David M.: Der perfekte Web-Server - WEB-Server-Installation und Optimierung, Markt und Technik Buch- und Software Verlag, Haar bei München 1995.

Chapman, Gary: The National Forum on Science and Technology goals: Building a Democratic, Post-Cold War Science and Technology Policy, in: Communications of the ACM, 37. Jahrgang, Heft 1, Association for Computing Machinery Inc., New York 1994, S. 31 - 37.

Charlier, Michael / Karepin, Rolf: Globaler Marktplatz - Immer mehr Unternehmen entdecken den weltumspannenden Datenhighway als innovatives Marketinginstrument, in: WirtschaftsWoche, 48. Jahrgang, Heft 48, Verlagsgruppe Handelsblatt, Düsseldorf 1994, S. 56 - 62.

CommerceNet / Nielsen Media Research: The CommerceNet / Nielsen Internet Demographics Survey, San Francisco 1995; Online in Internet: AVL: http://www.commerce.net/information/surveys/exec_sum.html [Stand 21.11.1995]

Computer Professionals for Social Responsibility (CPSR): Serving the Community - A Public-Interest Vision of the National Information Infrastructure, 1993. Online in Internet: AVL: E-Mail an: listserver@sunnyside.com Inhalt: GET CPSR NII_POLICY [Stand 21.11.1995].

Cronin, Mary J.: Doing Business on the Internet - How the Electronic Highway is transforming American Companies, Van Nostrand-Rheinhold-Verlag, 2. Auflage, New York 1995.

December, John / Randall, Neil: World Wide Web für Insider, Markt und Technik Buch- und Software Verlag, Haar bei München 1995.

Diwischek, Werner / Schuckmann, Birgit: Softwareentwicklung - Von Moskau bis Bangalore, in: Business Computing - Forum für erfolgreiches DV-Management, 4. Jahrgang, Heft 9, Vogel Verlag, Würzburg 1995, S. 85 - 87.

XVIII

Dorn, Bernhard: Computerbeben - Die tektonischen Verschiebungen in der Informationstechnik, Gabler Verlag, Wiesbaden 1995.

Ellsworth, Jill H. / Ellsworth, Mathew V.: Marketing on the Internet - Multimedia Strategies for the World Wide Web, Wiley Verlag, New York 1995.

Engels, Sybille: Internet Piraten voraus - Kriminalität in Datennetzen, in: Focus - Das moderne Nachrichtenmagazin, 3. Jahrgang, Heft 2, Focus Magazin Verlag, München 1995, S. 100 - 103.

Europäische Kommission: Mitteilung der Europäischen Kommission COM 94/347 vom 19. Juli 1994 zu: Europas Weg zur Informationsgesellschaft - Ein Aktionsplan, Brüssel 1994.

Fehr, Benedikt: Harter Wettbewerb prägt das Telefongeschäft in Amerika - Auch die lokalen Monopole weichen auf - Eine Fülle von Rabattangeboten - Sprint kehrt zurück zu klaren Strukturen, in: Frankfurter Allgemeine Zeitung, 6.4.1995a, 46. Jahrgang, Nr. 82, S. 27.

Fehr, Benedikt: Internet beflügelt Börsenphantasie in New York, in: Frankfurter Allgemeine Zeitung, 19.12.1995b, 46. Jahrgang, Nr. 295, S. C7.

Fehr, Benedikt: Gründerzeiten in Amerika, in: Frankfurter Allgemeine Zeitung, 11.1.1996a, 47. Jahrgang, Nr. 9, S. 11.

Fehr, Benedikt: Amerikas Telekom-Industrie steht schweren Zeiten entgegen - Weitere Deregulierung steht bevor - AT&T: Aufspaltung und Massenentlassungen - Wettbewerb jeder gegen jeden, in: Frankfurter Allgemeine Zeitung, 15.1.1996b, 47. Jahrgang, Nr. 12, S. 20.

Fey, Jürgen: Online-Poker - Systems 95: Online-Provider komplett vertreten, in: IX - Multiuser-Mulitasking-Magazin, 8. Jahrgang, Heft 12, Verlag Heinz Heise, Hannover 1995, S. 50 - 51.

Fey, Jürgen / Hüskes, Ralf / Kossel, Axel: Kommerzfalle Internet - Wer bezahlt, wer kassiert ?, in: C't - Magazin für Computer-Technik, 13. Jahrgang, Heft 9, Verlag Heinz Heise, Hannover 1995, S. 140 - 142.

Fischer, Thomas / Seth, Carsten: Abgestaubt - Multimedia-Oberfläche KIT für Btx in: C't - Magazin für Computer-Technik, 13. Jahrgang, Heft 4, Verlag Heinz Heise, Hannover 1995, S. 100 - 102.

Froitzheim, Ulf J.: Online-Dienste - Total blockiert - Die neuen Angebote stehen unter hohem Druck, in: WirtschaftsWoche, 49. Jahrgang, Heft 42, Verlagsgruppe Handelsblatt, Düsseldorf 1995, S. 120 - 126.

von Gamm, Christoph / Grawe, Tonio: Aufbau und Betrieb von Mailboxen - Architekturen, Protokolle, Verwaltung, Heterogenität, Administration und Gestaltung Addision-Wesley Publishing Company Deutschland; Bonn, Paris, Reading MA [u.a.] 1994.

Gartner Group: Online-Marketing im Internet - Der Preis der virtuellen Präsenz, in manager magazin, 26. Jahrgang, Heft 2, manager magazin Verlag, Hamburg 1996, S. 159.

Gellweiler, Armin: Vielfalt im Onlinemarkt, in: Achim Becker (Hrsg.): online praxis 1. Jahrgang, Heft 1, Data Becker, Düsseldorf 1996, S. 15 - 19.

Glaser, Peter: A Walk on the Wild Sites, in: NZZ Folio, 6. Jahrgang, Heft 2, Verlag NZZ-Folio, Zürich 1996, S. 34 - 40.

Hansen, Hans Robert: Telekommunikation mit Privatkunden, in: IM Information Management, 10. Jahrgang, Heft 4, Computerwoche Verlag, München 1995 S. 6 - 14.

Heinau, Vera / Schlichting, Heiko: Private Zugänge zum Internet, in: C't - Magazin für Computer-Technik, 12. Jahrgang, Heft 7, Verlag Heinz Heise, Hannover 1994, S. 245 - 248.

Heinen, Irene: Vereint - Bundesdatenautobahn für Anbieter kostenpflichtig, in: IX Multiuser-Mulitasking-Magazin, 8. Jahrgang, Heft 3, Verlag Heinz Heise Hannover 1995, S. 19.

Herbert, Ina: Internet - Weltweit größtes Computer-Netzwerk, in: Office Management 43. Jahrgang, Heft 4. FBO - Fachverlag für Büro- und Organisationstechnik Baden Baden 1995. S. 66 - 69.

Herbst, Kris: Webfest IV - A Report of the Happenings at the Fouth World-Wide Web Conference, in: Internet World, 7. Jahrgang, Heft 3, Mecklermedia Corporation. Westport (Conneticut) 1996, S. 22 - 26.

Herda, Susanne / Blachnitzky, Jörn: Trouble im Netz, in: Computer & Co. - Das Computer- & Kommunikationsmagazin in der Süddeutschen Zeitung, 1. Jahrgang, Heft 4, SV-Computer- und Kommunikations-Verlag GmbH, München 1995, S. 12 - 13.

Hift, Fred: "Den Kommunikationsmarkt weltweit dominieren" - Zwischen Deregulierung und Regulierung - Das neue US-Telekommunikationsgesetz, in: Frankfurter Rundschau, 12.2.1996, 52. Jahrgang, Nr. 36, S. 7.

Holtschnieder, Henning: Von Pipelines und Strohhalmen - Der Aufbau des Internet in Deutschland, in: C't - Magazin für Computer-Technik, 14. Jahrgang, Heft 1, Verlag Heinz Heise, Hannover 1996, S. 114 - 122.

Hoppe, Christian / Krüger, Frank: Weg frei für Pilotprojekte - Marktöffnungen im Post- und Telekommunikationsbereich, in: BMPT - Bundesministerium für Post und Telekommunikation: Post Politische Information, 3. Jahrgang, Heft 7, Bonn 1995a, S. 3.

Hoppe, Christian / Krüger, Frank: Freie Fahrt auf der Datenautobahn der Wissenschaft - Forschungsnetze haben sich als Innovationsmotoren erwiesen, in: BMPT - Bundesministerium für Post und Telekommunikation: Post Politische Information, 3. Jahrgang, Heft 7, Bonn 1995b, S. 6 - 7.

Hoppe, Christian / Krüger, Frank: Multimedia gewinnt immer schärfere Konturen - Bundespostminister engagiert sich für die künftige Informationsgesellschaft, in: BMPT - Bundesministerium für Post und Telekommunikation: Post Politische Information, 3. Jahrgang, Heft 9, Bonn 1995c, S. 1 - 3.

Hosenfeld, Friedhelm: Keimzelle - Von EMail bis WWW - die wichtigsten Dienste des Internet, in: C't - Magazin für Computer-Technik, 12. Jahrgang, Heft 10, Verlag Heinz Heise, Hannover 1994, S. 112 - 118.

Hüskes, Ralf: Vermaschung - Internet-Provider kommen sich näher, in: IX - Multiuser Mulitasking-Magazin, 9. Jahrgang. Heft 1, Verlag Heinz Heise, Hannover 1996, S. 28 - 29.

Igoe, James: States of the States, in: Internet World, 6. Jahrgang, Heft 8, Mecklermedia Corporation, Westport (Conneticut) 1995, S. 38 - 40.

Institut der Deutschen Wirtschaft Köln (Hrsg.): Zahlen zur wirtschaftlichen Entwicklung der Bundesrepublik Deutschland, Deutscher Instituts-Verlag, Köln 1995.

Jaros-Sturhahn, Anke / Löffler, Peter: Das Internet als Werkzeug zur Deckung de betrieblichen Informationsbedarfs, in: IM Information Management, 10. Jahrgang, Heft 1, Computerwoche Verlag, München 1995, S. 6 - 13.

Kahn, Robert E.: The Role of Government in the Evolution of the Internet, in: Communications of the ACM, 37. Jahrgang, Heft 8, Association for Computing Machinery Inc., New York 1994. S. 15 - 19.

Kalt, Gabriele: Jedes zehnte deutsche Unternehmen nutzt Online-Dienste - Anwender mit überdurchschnittlich hoher Kaufkraft - Kommunikation mit ausgewählte Gruppen möglich, in: Frankfurter Allgemeine Zeitung, 27.11.1995, 46. Jahrgang, Nr. 276, S. 22.

Kalt, Gabriele: Telekom Investitionen von 130 Milliarden DM, in: Frankfurter Allgemeine Zeitung, 2.2.1996a, 47. Jahrgang, Nr. 28, S. 15.

Kalt, Gabriele: Die Konkurrenz zur Deutschen Telekom formiert sich - Die Unternehmen sondieren den Markt - Privatkunden sollen eine Alternative zum Staatsunternehmen haben, in: Frankfurter Allgemeine Zeitung, 8.2.1996b, 47. Jahrgang, Nr. 33, S. 16.

Kehoe, Louise: Commerce flourish in Cyberspace - Business on the Internet, in Financial Times, 7.6.1995, S. 18 IT.

Kemper, Klaus: Springer beteiligt sich nun doch nicht an Europe Online - Verlagshaus geht neue Beteiligung bei Anbieter interner Firmenkommunikation ein, in Frankfurter Allgemeine Zeitung. 2.11.1995, 46. Jahrgang, Nr. 255, S. 22.

Kinnebrock, Wolfgang: Marketing mit Multimedia - Neue Wege zum Kunden, Verlag Moderne Industrie, Landsberg/Lech 1994.

Koenig, Aaron: Wie die Werber ins Netz gehen, in: Stefan Bollmann (Hrsg.): Kursbuch Neue Medien, Trends in Wirtschaft und Politik, Wissenschaft und Kultur; Bollmann Verlag, Mannheim 1995, S. 296 - 300.

Kossel, Axel / Möcke, Frank: Pornowächter versus Internet - Proteste gegen bayerische Datensperre, in: C't - Magazin für Computer-Technik, 14. Jahrgang, Heft 2, Verlag Heinz Heise, Hannover 1996, S. 14 - 17.

Kubicek, Herbert [u.a.]: Multimedia-Anwendungen im öffentlichen Bereich, Gutachten im Auftrag des TAB, Bremen, 1995.

Kubicek, Herbert / Berger, Peter: Was bringt uns die Telekommunikation ? ISDN - 66 kritische Antworten; Campus Verlag; Frankfurt/Main, New York 1990.

Kubicek, Herbert / Redder, Volker / Seeger, Peter / Tisborn, Ulrike: Informierte Stadt durch elektronische Bürgerinformationssysteme - Zwischenbericht eines Modellversuchs, Senator für Bildung und Wissenschaft/Universität Bremen, Bremen 1993.

Kubicek, Herbert / Schmid, Ulrich / Wagner, Heiderose: Mehr Information wagen - Das US-amerikanische Projekt zur informationellen Grundversorgung, in: Wechselwirkung, 17. Jahrgang, Heft 2, Remember eG, Aachen 1995, S. 48 - 52.

Kunze, Michael: Geheimtip - Entwickeln und Testen von Web-Projekten, in: C't - Magazin für Computer-Technik, 13. Jahrgang, Heft 9, Verlag Heinz Heise, Hannover 1995, S. 166 - 172.

Kurz, Eberhard / Altgeld, Jochen: Treibender Faktor für innovative Dienstleistungen - Information- und Kommunikationstechnologien, in: Office Management, 43. Jahrgang, Heft 11, FBO - Fachverlag für Büro- und Organisationstechnik, Wiesbaden 1995, S. 30 - 33.

Kurzidim, Michael: Wundertüte - Betablicke auf die neuen Online-Dienste, in: C't - Magazin für Computer-Technik, 13. Jahrgang, Heft 11, Verlag Heinz Heise, Hannover 1995, S. 68 - 71.

Lauer, Thomas: Weltweite Informationen, Know-How und Daten austauschen - CompuServe Professional; Addison Wesley Publishing Company (Deutschland); Bonn, Paris, Reading MA [u.a.] 1994.

Lübbeke, Michael: Beschauliche Landstraße, Internet I, in: EU-Magazin - Wirtschaft und Politik in der Europäischen Union, Heft 4, Nomos Verlag, Baden-Baden 1995, S. 30 - 31.

Luckhardt, Norbert: Werttransporte - (Un-)Sicherheit im Netz, in: C't - Magazin für Computer-Technik, 14. Jahrgang, Heft 4, Verlag Heinz Heise, Hannover 1996, S. 144 - 145.

Lux, Harald: Der Inter-Markt in Deutschland - Provider und Dienstleister, dpunkt Verlag für digitale Technologie, Heidelberg 1995.

Mc Coy, Charles: Apple Computer Bites Bullet and Opts to Kill Its eWorld, in: Wall Street Journal Europe, 5.3.1996, 14. Jahrgang, Nr. 25, S. 6.

Meissner, René: Wege in den Stau - Was leisten die großen Internet-Anbieter ?, in: C't - Magazin für Computer-Technik, 14. Jahrgang, Heft 1, Verlag Heinz Heise, Hannover 1996, S. 124 - 127.

Moritz, Peter: Grenzöffnung - Mit Datex-J ins Internet, in: C't - Magazin für Computer-Technik, 13. Jahrgang, Heft 9, Verlag Heinz Heise, Hannover 1995, S. 148 - 151.

Moritz, Peter: Info-Adern - Breitband-Angebote der Telekom, in: C't - Magazin für Computer-Technik, 14. Jahrgang, Heft 3, Verlag Heinz Heise, Hannover 1996, S. 290 - 294.

Müller-Scholz, Wolfgang: Stadtverwaltung - Direkter Draht zum Amt, in: Capital - Das Wirtschaftsmagazin, 34. Jahrgang, Heft 11, Gruner & Jahr Verlag, Hamburg 1995, S. 217 - 219.

National Institute of Standards and Technology (NIST): Putting the Information Infrastructure to work: A report of the Information Infrastructure Task Force Comitee on Applications and Technology, NIST Special Publication 857, U.S. Government Printing Office, Washington D.C. 1994.

National Research Council's Computer Science and Telecommunications Board: Realizing the Information Future - The Internet and Beyond - Executive Summary, Washington D.C. June 1994. Online in Internet: AVL: http://xerxes.nas.edu/nap/online/rtif/summary.html [Stand: 28.11.1995].

Negroponte, Nicolas: Being digital - The Road Map for Survival on the Information Superhighway, Hodder and Stoughton Verlag, London 1995.

O.V.: Internet: Vom Insider-Tip zum virtuellen Marktplatz - Everybody's Network, in: Das Wirtschaftsstudium - WISU - Zeitschrift für Ausbildung, Examen und Weiterbildung; 23. Jahrgang, Heft 12, Lange Verlag, Düsseldorf 1994, S. 99.

Pagé, Peter: Cyberbanking bis 2000? Die technischen Fundamente sind gelegt, in: Frankfurter Allgemeine Zeitung, 6.2.1996, 47. Jahrgang, Nr. 31, S. B13.

Postman, Neil: Das Technopol - Die Macht der Technologie und die Entmündigung der Gesellschaft, Fischer Verlag, Frankfurt am Main 1992.

Preissner, Anne: Online-Dienste - Monopoly im Netz - Burda gegen Bertelsmann - Microsoft gegen Telekom, in: manager magazin, 25. Jahrgang, Heft 12, manager magazin Verlag, Hamburg 1995, S. 234 - 243.

Rademacher, Horst: Microsoft will sich seinen Teil am Internet-Geschäft sichern - Gates: Wir haben die Chancen des Datenetzes lange verkannt - Sinkender Aktienkurs des Konkurrenten, in: Frankfurter Allgemeine Zeitung, 9.12.1995, 46. Jahrgang, Nr. 287, S. 15.

Rademacher, Horst: Hemdsärmel und Hochtechnologie - Wahlkampf auf dem internet, in: Frankfurter Allgemeine Zeitung, 5.2.1996a, 47. Jahrgang, Nr. 30, S. 5.

Rademacher, Horst: Einfacher Internet-Zugang macht Online-Diensten Konkurrenz - Nutzer können sich zum Ortstarif einwählen - Unbegrenzte Benutzung gegen eine feste Monatsgebühr, in: Frankfurter Allgemeine Zeitung, 9.3.1996b, 47. Jahrgang, Nr. 59, S. 23.

Riehm, Ulrich / Wingert, Bernd: Multimedia - Mythen, Chancen und Herausforderungen; Bollmann Verlag, Mannheim 1995.

Rosenthal, Klaus: Schwieriger Parcours für Wellenreiter - Surfen im Internet, in: Office Management, 44. Jahrgang, Heft 4, FBO - Fachverlag für Büro- und Organisationstechnik, Wiesbaden 1996, S. 36 - 39.

Rost, Martin / Schack, Michael (Hrsg.): Der Internet-Praktiker - Referenz und Programme, Verlag Heinz Heise GmbH, Hannover 1995.

Roth, Johannes: In Großbritannien verschärft sich der Fernmeldewettbewerb weiter - British Telecom hat aber immer noch eine starke Stellung - Preisaufsicht soll geändert werden, in: Frankfurter Allgemeine Zeitung, 8.2.1996, 47. Jahrgang, Nr. 33, S. 16.

Rüttgers, Jürgen: Politikfähigkeit medial bestimmter Demokratien, in: Alfred-Herrhausen-Gesellschaft für den internationalen Dialog (Hrsg.): Multimedia - eine revolutionäre Herausforderung - Perspektiven der Informationsgesellschaft, Schäffer-Poeschel Verlag, Stuttgart 1995, S. 115 - 136.

Schäfer, Gabriele: Freizeit im Cyber-Park - Die Welt der virtuellen Räume, in: Frankfurter Allgemeine Zeitung, 16.1.1996, 47. Jahrgang, Nr. 13, S. B7.

Scheer, René: EDI und Netzwerke - Chancen für den Mittelstand, in: Lutz Becker und Johannes Erhard (Hrsg.): Business Netzwerke - Wie die globale Informations-Infrastruktur neue Märkte erschließt, Schäffer-Poeschl Verlag, Stuttgart 1996, S. 35 - 46.

Scheller, Martin / Boden, Klaus-Peter / Geenen, Andreas und Kampermann, Joachim: Internet - Werkzeuge und Dienste - Von "Archie" bis "World Wide Web"; Springer Verlag; Berlin, Heidelberg, New York [u.a.] 1994.

Schieb, Jörg: Digitale Währung für den Einkaufsbummel im globalen Dorf - Verschlüsselte Zahlenkolonnen auf der Festplatte sind die virtuellen Geldstücke, in: Frankfurter Allgemeine Zeitung, 6.2.1996, 47. Jahrgang, Nr. 31, S. T5.

Schmidt, Boris: Es droht der Informations-Overkill oder Wo surfen sie denn ? - T-Online: Eine Million Teilnehmer, in: Frankfurter Allgemeine Zeitung, 30.1.1996, 47. Jahrgang, Nr. 25, S. T1.

Schmitz, Ulrich: Kommunikationssperre - Neues US-Telekommunikationsgesetz zensiert Online-Dienste, in: C't - Magazin für Computer-Technik, 14. Jahrgang, Heft 2, Verlag Heinz Heise, Hannover 1996, S. 28.

Schneeberger, Herbert: Surfer zahlen jetzt erheblich mehr - Die Folgen der neuen Telefontarife für Teilnehmer an Onlinediensten - Frust bei Betroffenen, in: Mannheimer Morgen, 26.1.1996, 51. Jahrgang, Nr. 21, S. 10.

Schnöring, Thomas: Zunehmender Strukturwandel auf den europäischen Telekommunikationsmärkten, in: BMPT - Bundesministerium für Post und Telekommunikation: Post Politische Information, 1. Jahrgang, Heft 2, Bonn 1993, S. 1 - 4.

Schnorbus, Axel: Bei uns heißt es "Willkommen zu Hause" - Bertelsmann und America Online wollen aus Online ein Massenmedium machen, in: Frankfurter Allgemeine Zeitung, 29.11.1995, 46. Jahrgang, Nr. 278, S. 24.

Schnurpfeil, Markus: Auf dem Feldweg - Die Datenautobahn stößt in der Industrie auf wenig Interesse - Sie bevorzugt Telefon und Fax, in: WirtschaftsWoche, 48. Jahrgang, Heft 42, Verlagsgruppe Handelsblatt, Düsseldorf 1994, S. 158 - 160.

Schuler, Doug: Public Space in Cyberspace - Community Network are as important to society as public libraries, in: Internet World, 6. Jahrgang, Heft 12, Mecklermedia Corporation, Westport (Conneticut) 1995, S. 89 - 95.

Schwemmle, Michael: Es ist nicht alles Gold, was glänzt - Die Multimedia-Industrie formiert sich, in: Wechselwirkung, 17. Jahrgang, Heft 1, Remember eG, Aachen 1996, S. 6 - 12.

Steinbach, Christine: Die Schmalspur bestimmt den Datenverkehrsfluß, in: Computerwoche, 22. Jahrgang, Heft 50, Computerwoche Verlag GmbH, München 1995, S. 37 - 41.

Stock, Wolfgang: Kampf gegen Kinderpornographie, in: Frankfurter Allgemeine Zeitung, 13.2.1996, 47. Jahrgang, Nr. 37, S. 4.

Stüwe, Heinz: Kritik an Telefon-Rabatten verschärft sich - Privater Anbieter sehen Mißbrauch einer marktbeherrschenden Stellung, in: Frankfurter Allgemeine Zeitung, 1.12.1995, 46. Jahrgang, Nr. 280, S. 19.

Stüwe, Heinz: Informationsgesellschaft als Ziel - Kabinett beschließt Bericht "Info 2000", in: Frankfurter Allgemeine Zeitung, 8.2.1996a, 47. Jahrgang, Nr. 33. S. 5.

Stüwe, Heinz: Anteil der Forschungsausgaben geht zurück - Was Bonn tut: Regionaler Wettbewerb bei Biotechnik. in: Frankfurter Allgemeine Zeitung, 7.3.1996b. 47. Jahrgang, Nr. 57, S. 16.

Sturbeck, Werner / Stüwe, Heinz: Private Netzanbieter klagen in Brüssel gegen Telekom-Rabatte - Beschluß des Regulierungsrates zunächst verschoben - Ermäßigung auch für Privatkunden geplant, in: Frankfurter Allgemeine Zeitung. 25.1.1996, 47. Jahrgang, Nr. 21, S. 12.

Sturbeck, Werner: Medienriese Bertelsmann will ein Kommunikationskonzern werden - Online-Dienst startet noch 1995, in: Frankfurter Allgemeine Zeitung. 21.9.1995, 46. Jahrgang, Nr. 220, S. 22.

Sturbeck, Werner: Consulting Trust - Zeitungen verschlafen den Einstieg in Multimedia - Mit der Gebrauchtwagenanzeige ins Internet - Deutsche Firmen nehmen die neue Technik nicht ernst, in: Frankfurter Allgemeine Zeitung, 26.2.1996, 47. Jahrgang, Nr. 48, S. 16.

Treplin, Daniel: Marktübersicht Online Dienste, High Text Verlag und MGM Media Gruppe, Unterföhring 1995.

U.S. Department of Commerce (Hrsg.), Council on Competitiveness: Breaking the Barrier to The National Information Infrastructure - Conference Report, Washigton D.C. 1994b. Online in Internet: AVL: http://nii.nist.gov/barriers /cover1.html [Stand: 28.11.1995].

U.S. Department of Commerce (Hrsg.), Information Infrastructure Task Force (IITF): The National Information Infrastructure - Agenda for Action, Washington D.C. 1993. Online in Internet: AVL: http://sunsite.unc.edu/nii /NII-Agenda-for-Action.html [Stand: 28.11.1995].

U.S. Department of Commerce (Hrsg.), Information Infrastructure Task Force (IITF): The National Information Infrastructure - Progress Report September 1993 - September 1994, Washington D.C. 1994a. Online in Internet: AVL: http://www.csto.arpa.mil/NII_Report_94.html [Stand: 28.11.1995].

Washburn, Bill: Who's Making Money on the Net ?, in: Internet World, 6. Jahrgang, Heft 6, Mecklermedia Corporation, Westport (Conneticut) 1995, S. 30 - 31.

Weber, Lukas: Neuer Konflikt zwischen Bund und Ländern um die Regelungskompetenzen im Rundfunk, in: Frankfurter Allgemeine Zeitung, 19.10.1995a, 46. Jahrgang, Nr. 243, S. 24.

Weber, Lukas: Europe Online startet mit Internet-Anschluß, in: Frankfurter Allgemeine Zeitung, 16.12.1995b, 46. Jahrgang, Nr. 293, S. 21.

Weichselgartner, Erich: Lebender Organismus - Organisations- und Verwaltungsstrukturen, in: IX - Multiuser-Mulitasking-Magazin, 9. Jahrgang, Heft 1, Verlag Heinz Heise, Hannover 1996, S. 136 - 141.

Wendeln-Münchow, Dorothea: Mit Kampfpreisen in den Markt - Startschuß für America Online, in: Office Management, 44. Jahrgang, Heft 1-2, Betriebswirtschaftlicher Verlag Dr. Th. Gabler, Wiesbaden 1996, S. 6 - 7.

Wiggins, Richard W.: The Internet for Everyone - A Guide for Users and Providers; McGraw-Hill Inc.; New York, San Francisco, Washington D.C. u.a. 1995a.

Wiggins, Richard W.: The Unfolding Net - The Internet's massive Growth continues to drive Commerce and Innovation, in: Internet World, 6. Jahrgang, Heft 11, Mecklermedia Corporation, Westport (Conneticut) 1995b, S. 42 - 45.

Witte, Eberhard: Visionen aus gesellschaftlicher Sicht, in: IBM Deutschland GmbH (Hrsg.): IBM Deutschland 1994, Berlin 1995a, S. 7 - 9.

Witte, Eberhard: Liberalisierung der Telekommunikationsmärkte, in: BMWi - Bundesministerium für Wirtschaft (Hrsg.): Die Informationsgesellschaft - Fakten - Analysen - Trends, Zeitbild Verlag, Bonn 1995b, S. 8 - 9.

Wolf, Peter: Der PC als Medium für das Bankgeschäft der Zukunft - Noch offene Fragen in Sachen Sicherheit, in: Computerwoche, 22. Jahrgang, Heft 50, Computerwoche Verlag GmbH, München 1995, S. 42 - 44.

Wolfram, Gerd: Netze verändern die Handelslandschaft - Einsatzmöglichkeiten moderner Informations- und Kommunikationstechniken im Handel, in: Lutz Becker und Johannes Erhard (Hrsg.): Business Netzwerke - Wie die globale Informations-Infrastruktur neue Märkte erschließt, Schäffer-Poeschl Verlag, Stuttgart 1996, S. 95 - 114.

Woolfe, Roger: Videotex - The new Television/Telephone Information Services; Heyden & Son Ltd.; London, Philadelphia und Rheine 1980.

Zakon, Robert Hobbes: Hobbes' Internet Timeline - Version 2.2, Cleveland 1995. Online in Internet: AVL: http://info.isoc.org/guest/zakon/Internet/History/HIT.html [Stand: 11.1.1996].

Zeyer, Fred: Visa und Mastercard gemeinsam, in: Frankfurter Allgemeine Zeitung, 3.2.1996, 47. Jahrgang, Nr. 29, S. 20.

Zschunke, Peter: Bei der Fahrt auf der Datenautobahn kann von Vollgas keine Rede mehr sein - Die neuen Online-Benutzer ärgern sich über hohe Gebühren und Staus im Internet, in: Mannheimer Morgen, 3.1.1996, 51. Jahrgang, Nr. 2, S. 3.

XXX

Anhang A: Aktionsplan der deutschen Bundesregierung „Deutschlands Weg in die Informationsgesellschaft"

Handlungsfeld	Art der Maßnahme	Zuständigkeit	Zeitplan
(1) Stärkung des marktwirtschaftlichen Ordnungsrahmens und Fortentwicklung der rechtlichen Rahmenbedingungen	- Stärkung der Privatinitiative - Stärkung des Mittelstandes und Erleichterung von Existenzgründungen - Internationale Abstimmung	BMWi, andere Ressorts BMWi, andere Ressorts BMWi, andere Ressorts	fortlaufend
(1.1) Liberalisierung im Bereich Telekommunikation	- Telekommunikationsgesetz (TKG) - Öffnung der „alternativen Netze" - Aufhebung des Telefonmonopols	BMPT	Verabschiedung bis Sommer 1996 mit Inkrafttreten des TKG 01. Januar 1998
(1.2) Rechtliche Rahmenbedingungen für neue Informations- und Kommunikationsdienste	- Prüfung des Regelungsbedarfs - Entwurf für ein „Multimedia-Gesetz"	zuständige Ressorts BMBF	fortlaufend Mitte 1996
(1.3) Wettbewerbsrecht	- Berücksichtigung von Erfordernissen der Informationsgesellschaft bei anstehender Novelle des GWB	BMWi	1996
(1.4) Datenschutz	- Fortentwicklung der allgemeinen Bestimmungen des Bundesdatenschutzgesetzes sowie der speziellen Datenschutzverordnungen, die im Rahmen der Telekommunikation Verwendung finden	BMI, BMPT	1996
(1.5) Arbeitsrecht	- Arbeitsgruppe - Gutachten	BMA	läuft Vergabe Anfang 1996
(1.6) Verbraucherschutz	- Einrichtung einer Arbeitsgruppe, Bestandsaufnahme	BMWi, andere Ressorts	Anfang 1996
(1.7) Jugendschutz	- Erarbeitung eines Gesamtkonzeptes	BMFSFJ	Anfang 1996
(1.8) Schutz geistigen Eigentums	- Überprüfung des geltenden Urheberrechts	BMJ	fortlaufend
(1.9) Sicherheit von informationstechnischen Systemen und Telekommunikationsinfrastruktur	- Verbesserung und Verbreitung von Verfahren zur sicheren Identifizierung und Authentisierung - Förderung des Einsatzes sicherer Verschlüsselungssysteme - Vorgabe von Sicherheitsstandards für wichtige Funktionsbereiche des Staates und der Gesellschaft - Förderung des IT-Sicherheitsbewußtseins - Unterstützung der internationalen Zusammenarbeit zur Förderung der IT-Sicherheit - Unterstützung der Europäischen Kommission bei der Einführung öffentlicher vertrauenswürdiger Dienste („Trusted Services") - Technische Schutzmaßnahmen zur Gewährleistung einer zuverlässigen Telekommunikation - Prüfung gesetzlichen Handlungsbedarfs bei der Nutzung digitaler Signaturverfahren für den Rechtsgeschäftsverkehr	BMI, BMWi, BMPT BMPT BMJ	1996 1996 1996
(1.10) Vorbeugende Kriminalitätsbekämpfung	- Fortsetzung des Dialogs mit Wirtschaft, Gewerkschaften und anderen betroffenen Kreisen - Abstimmung mit Bundesländern	BMI, andere Ressorts	fortlaufend

Handlungsfeld	Art der Maßnahme	Zuständigkeit	Zeitpla
(2) Dialog mit Wirtschaft und anderen gesellschaftlichen Gruppen	- Gesprächskreis für wirtschaftlich-technologische Fragen der Informationstechnik (Petersberg-Kreis)	BMWi BMBF, BMPT	fortlaufend
	- Gespräch mit Wirtschaft und Gewerkschaften zu den wirtschaftlichen Aspekten der Informationsgesellschaft	BMWi, BMPT	Frühjahr 19
	- Einrichtung eines „Forums Info 2000: Gesellschaftliche und kulturelle Herausforderungen der Informationsgesellschaft"	BMWi, BMBF	Frühjahr 19
	- Öffentlichkeitsarbeit	BMWi, BMBF, andere Ressorts	fortlaufend
(3) Bildungswesen	- Nutzung von Multimedia (Entwicklung bildungsgerechter Multimedia-Software)	BMBF in Zusammenarbeit mit Ländern und Sozialpartnern	fortlaufend
	- Medienerziehung		
	- Ausstattung der Bildungseinrichtungen mit zeitgemäßer Hard- und Software		
	- Aus- und Weiterbildung des Lehrpersonals		
	- Teleunterricht		
	- Schaffung der Berufe wie z.B. AV-Mediengestalter, Cutter sowie Beratung über evtl. zusätzliche neue Berufsprofile für Medienoperator, Kaufmann EDV-Systemtechnik, Kaufmann AV-Medien	BMBF, BMWi, BMA	
	- Einbeziehung neuer Medien in künstlerische und kulturelle Bildung	BMBF	
	- Projekte an Hochschulen zur multimedialen Aufbereitung von Grundlagenwissen		
	- Multimediale Umsetzung von Lehrinhalten des Fernstudiums und deren Angebot im Wissenschaftsnetz		
(4) Förderung von Forschung und Entwicklung	- Vorlage eines Rahmenförderkonzeptes „Innovationen für das Informationszeitalter 1997-2001"	BMBF	1996
(4.1) Förderprogramme der Bundesregierung	- Entwicklung der Mikroelektronik	BMBF	läuft
	- Neue Basistechnologien		
	- Innovative Anwendungen im Breitbandnetz		
	- Teledienste und Telekooperation		
	- Anwendungen in der Informatik		
	- Mikrosystemtechnik		
	- Anwendung der Informationstechnik in der Produktion		
	- Wissenschaftliche und technische Information		
	- Informationstechnik und Arbeitswelt		
	- Nichttechnische Bedingungen für Innovationen in der Informationsgesellschaft		
(5) IT-Strategie in der öffentlichen Verwaltung	- Pilotversuch zum Dokumentenaustausch zwischen Mitgliedern des Kooperationsausschusses ADV	BMI (zusammen mit Ländern, Kommunen)	bis 1996
	- Aufbau des Informationsverbundes Berlin-Bonn (IVBB)	BMI, BMBF, BMPT	Ende 1997
	- Einrichtung einer flächendeckenden IT-Infrastruktur innerhalb der Bundesregierung	BMI, BMPT, andere Ressorts	bis 1998
	- Bereitstellung multimediafähiger Dienste und Anwendungen	BMI, BMPT	bis 2000
	- Erweiterung des Aufgabenbereichs des Bundesamtes für Sicherheit in der Informationstechnik für die operative Anwendung der IT in der Bundesverwaltung	BMI	1996
	- Konzept zur elektronischen öffentlichen Ausschreibung	BMWi, BMI, andere Ressorts	1996
	- Erteilung von Einfuhrgenehmigungen auf elektronischem Wege	BMWi	läuft

Handlungsfeld	Art der Maßnahme	Zuständigkeit	Zeitplan
(6) Normen und Standards	- Flankierung nationaler und internationaler Normungsaktivitäten der Wirtschaft	BMWi, BMPT	fortlaufend
	- Beteiligung an der Festlegung von Prioritäten und der Entwicklung von Normen als Nutzer von IT-Systemen	BMWi, BMI, BMPT, andere Ressorts	
	- Einhaltung europäischer und internationaler Normen bei öffentlichen Beschaffungen von IT-Systemen	BMWi, BMI, BMPT, andere Ressorts	
(7) Anwendungen			
(7.1) Aktivitäten der Wirtschaft	- Erfassung von Pilotvorhaben und grundlegenden Untersuchungen im Zusammenhang mit der Informationsgesellschaft im Rahmen des G7-Pilotprojekts „Global Inventory"	BMWi	läuft
	- Begleitung der Arbeiten in den Projektgruppen des ZVEI/VDMA zu wichtigen Anwendungsfeldern der Informationsgesellschaft im Rahmen des Petersberg-Kreises	BMWi, BMBF, BMPT, andere Ressorts	läuft
(7.2) Anwendungsfelder im gewerblichen und öffentlichen Bereich			
(7.2.1) Telearbeit, Telekooperation	- Erweiterung der Möglichkeiten zur Telearbeit in der öffentlichen Verwaltung	BMI, alle Ressorts	fortlaufend
	- Arbeitsgruppe zur Klärung noch offener arbeitsrechtlicher Fragen (vgl. 1.5)	BMA	läuft
(7.2.2) Telematik für mittelständische Unternehmen	- Einführung und breite Nutzung von elektronischen Informationssystemen und EDI	BMWi, BMBF	fortlaufend
(7.2.3) Anwendung in der Produktion	- Förderung für die Produktion wichtiger Grundlagentechnologien - Dialog zwischen Technologieentwicklern und den Nutzern im Rahmen der Gespräche des Petersberg-Kreises	BMBF BMWi, BMBF	fortlaufend läuft
(7.2.4) Ernährung, Landwirtschaft und Forsten	- Ausbau des deutschen Agrarinformationsnetzes	BML	läuft
(7.2.5) Vernetzte Kommunikation für Bildung und Wissenschaft	- Startfinanzierung für den Ausbau des DFN-Netzes über drei Jahre mit insgesamt 80 Millionen DM zu einem bundesweiten Hochgeschwindigkeitsnetz mit Übertragungsgeschwindigkeiten von 155 Megabit pro Sekunde	BMBF	läuft
(7.2.6) Telematikanwendungen im Verkehr	- Unterstützung des Aufbaus von flächendeckenden intermodalen Telematiksystemen und -diensten unter Einbeziehung der transeuropäischen Verkehrsnetze - Dialog zwischen öffentlicher Hand und privaten Unternehmen - Schaffung marktwirtschaftlicher Rahmenbedingungen für Telematikdienste	BMV	läuft
(7.2.7) Gesundheitsvorsorge und -versorgung	- Analyse der Einsatzmöglichkeiten der IT in der Medizin im Zusammenwirken aller für das Gesundheitswesen verantwortlichen Institutionen und Erarbeitung konkreter Handlungsempfehlungen	BMG, BMBF	läuft
(7.2.8) Umweltschutz	- Unterstützung des Aufbaus eines integrierten Bundesumweltinformationssystems	BMU	läuft
(7.3) Anwendungen im privaten Bereich	- verbraucherfreundliche Rahmenbedingungen - Stärkung der Nutzerakzeptanz - differenzierte und benutzerfreundliche Telekommunikationstarife	alle Ressorts BMPT	läuft
(7.4) Pilotprojekte im Bereich multimedialer Dienste	- Begleit- und Anwenderforschung	BMBF, Länder	läuft
(7.5) Grenzüberschreitende Anwendungsprojekte in der Europäischen Union	- Unterstützung der Initiativen der EU, die die Grundlagen für eine schnelle Einführung von grenzüberschreitenden europäischen Telematikanwendungen und Informationsdiensten verbessern	BMWi, BMPT, BMBF	läuft

Handlungsfeld	Art der Maßnahme	Zuständigkeit	Zeitpla
(8.1) Europäische und internationale Organisationen	- Einsetzen für eine effiziente multilaterale Zusammenarbeit und für die Schaffung eines technischen und rechtlichen Regelwerkes für eine „Globale Informationsgesellschaft"	je nach internationaler Organisation unterschiedlich	läuft
(8.2) G7	- Verankerung der von der G7-Ministerkonferenz vereinbarten Grundprinzipien in multilateralen Vereinbarungen internationaler Organisationen	je nach internationaler Organisation unterschiedlich	läuft
	- Mitwirkung an den von der G7-Ministerkonferenz angestoßenen elf Pilotprojekten	je nach Pilotprojekt unterschiedlich; Koordinierung der Projekte liegt beim BMWi	läuft
	- Konferenz „Informationsgesellschaft und Entwicklungsländer"	BMWi, BMPT, BMZ	Mai 1996
(8.3) Bilaterale Aktionen	- Fortsetzung bilateraler Gespräche mit wichtigen Handelspartnern	BMWi, BMPT, AA (z. T. auch andere Ressorts)	läuft
(9) Koordinierung auf nationaler Ebene	- Einrichtung eines interministeriellen Ausschusses auf Staatssekretärebene	BK, BMWi, BMPT, BMBF, BMI, BMA, BMJ, BMG , AA (Geschäftsführung BMWi)	Anfang 19
	- Abstimmung Bund/Länder in Fragen des Medienrechts	BK	läuft

Quelle: BMWi (1996), S. 113 ff.

Anhang B: Verweise auf Internet-Sites

Kommerzielle Online-Dienste in Deutschland

CompuServe	URL: http://www.compuserve.com/de
T-Online	URL: http://www.dtag.de/dtag/proserv/t-online.html
AOL Bertelsmann	URL: http://www.germany.aol.com/
eWorld	URL: http://www.eworld.com/
Microsoft Network	URL: http://www.msn.com/
Europe Online	URL: http://www.europeonline.com/

Internet-Service-Provider in Deutschland (Auswahl)

DFN-Verein	URL: http://www.dfn.de/
EUnet	URL: http://www.Germany.EU.net/
NTG/Xlink	URL: http://www.xlink.net/
MAZ	URL: http://www.maz.net/
Contrib.Net	URL: http://www.contrib.net/
ECRC	URL: http://www.ecrc.de/
Nacamar	URL: http://www.nacamar.de/
IBM Global Networks	URL: http://www.de.ibm.net/

Öffentliche Verwaltung

US-Bundesregierungseinrichtungen im Internet
URL: http://www.lib.lsu.edu/gov/fedgov.html/
Deutsche Bundes- und Landesregierungseinrichtungen im Internet
URL: http://www.laum.uni-hannover.de/iln
/bibliotheken/bundesamter.htm

Politik im Internet URL: http://www.fu-berlin.de/POLWISS
/mdb-projekt/bundestag/polinet.html

Bayern Online URL: http://www.bayern.de/

Sonstige Internet-Sites

Bayerischer Rundfunk	URL: http://www.br-online.de/
Südwestfunk	URL: http://www.swf3.de/
Westdeutscher Rundfunk	URL: http://www.wdr.de/
Lycos	URL: http://www.lycos.com/
Yahoo	URL: http://www.yahoo.com/

Verweise auf Kopien der erwähnten Literatur im Internet

Rat für Forschung, Technologie und Innovation: Feststellungen und Empfehlungen
   URL: http://www.dlr.de/bmbf/rat/feststellungen/initiative/index.html
Info 2000 - Initiative
   URL: http://www.kp.dlr.de/bmwi/gip/programme/info2000
EU - Bangemann-Papier
   URL: http://www.earn.net/EC/report.html
EU - Europas Weg zur Informationsgesellschaft - Ein Aktionsplan
   URL: http://www.echo.lu/eudocs/en/com-asc.html
NII - Breaking the Barrier to The National Information Infrastructure
   URL: http://nii.nist.gov/barriers/cover1.html
NII - Agenda for Action
   URL: http://sunsite.unc.edu/nii/NII-Agenda-for-Action.html
NII - Progress Report 1994
   URL: http://www.csto.arpa.mil/NII_Report_94.html
CPSR - Serving the Community
   E-Mail an: listserver@sunnyside.com - Inhalt: GET CPSR NII_POLICY
National Research Council's Computer Science and Telecommunications Board:
   Realizing the Information Future - The Internet and Beyond
   URL: http://xerxes.nas.edu/nap/online/rtif/summary.html
GII - Agenda for Cooperation
   URL: http://www.uni-koeln.de/themen/cmc/text/brown95A.txt
The CommerceNet / Nielsen Internet Demographics Survey
   URL: http://www.commerce.net/information/surveys/exec_sum.html
Hobbes' Internet Timeline
   URL: http://info.isoc.org/guest/zakon/Internet/History/HIT.html

XXXVI

Stichwortverzeichnis

Wissensquellen gewinnbringend nutzen

Qualität, Praxisrelevanz und Aktualität zeichnen unsere Studien aus. Wir bieten Ihnen im Auftrag unserer Autorinnen und Autoren Wirtschafts-studien und wissenschaftliche Abschlussarbeiten – Dissertationen, Diplomarbeiten, Magisterarbeiten, Staatsexamensarbeiten und Studien-arbeiten zum Kauf. Sie wurden an deutschen Universitäten, Fachhoch-schulen, Akademien oder vergleichbaren Institutionen der Europäischen Union geschrieben. Der Notendurchschnitt liegt bei 1,5.

Wettbewerbsvorteile verschaffen – Vergleichen Sie den Preis unserer Studien mit den Honoraren externer Berater. Um dieses Wissen selbst zusammenzutragen, müssten Sie viel Zeit und Geld aufbringen.

http://www.diplom.de bietet Ihnen unser vollständiges Lieferprogramm mit mehreren tausend Studien im Internet. Neben dem Online-Katalog und der Online-Suchmaschine für Ihre Recherche steht Ihnen auch eine Online-Bestellfunktion zur Verfügung. Inhaltliche Zusammenfassungen und Inhaltsverzeichnisse zu jeder Studie sind im Internet einsehbar.

Individueller Service – Gerne senden wir Ihnen auch unseren Papier-katalog zu. Bitte fordern Sie Ihr individuelles Exemplar bei uns an. Für Fragen, Anregungen und individuelle Anfragen stehen wir Ihnen gerne zur Verfügung. Wir freuen uns auf eine gute Zusammenarbeit.

Ihr Team der Diplomarbeiten Agentur

Diplomica GmbH ——————
Hermannstal 119 k ——————
22119 Hamburg ——————

Fon: 040 / 655 99 20 ——————
Fax: 040 / 655 99 222 ——————

agentur@diplom.de ——————
www.diplom.de ——————

www.ingramcontent.com/pod-product-compliance
Lightning Source LLC
La Vergne TN
LVHW092336060326
832902LV00008B/676